DATE DUE			
		AUG 2008	
		OCT 1 6 2009	
		MAY 1 2013	

The Urbana Free Library

To renew materials call
217-367-4057

*The Rotary Club of Urbana is pleased to
donate this book in honor of
University of Illinois
Professor of Human Development*

Dr. Brent McBride

June 3, 2008

Silvia Vallejo, Fabio, 1962-
    Mitos y leyendas del mundo / compilación y adaptación
Fabio Silva Vallejo. - Bogotá: Panamericana Editorial, 2004.
    216 p. : il. ; 16 cm. - (Colección juvenil)
    ISBN 958-30-1576-8
    1. Cuentos infantiles 2. Mitología - Cuentos infantiles
3. Cuentos 4. Mitología - Adaptaciones infantiles I. Tít. II. Serie.
I863.6 cd 19 ed.
AHZ7341

    CEP-Banco de la República-Biblioteca Luis Ángel Arango

Mitos y leyendas del mundo

Grecia • Roma • América
Asia • África • Europa • Oceanía

Editor
Panamericana Editorial Ltda.

Edición
Gabriel Silva Rincón

Compilación y adaptación
Fabio Silva Vallejo

Ilustraciones
Gustave Doré, Dionisio Baxeras, A. Wagner, E. Gobel,
W. Gentz, Ana María Falchetti, Nicolás Lozano, Eric Nieto.

Diagramación
Francisco Chuchoque R.

Diseño de carátula
Diego Martínez Celis

Primera edición, diciembre de 2004.

© Panamericana Editorial Ltda.
Calle 12 No. 34-20. Tels.: 3603077 - 2770100
Fax: (571) 2373805
Correo electrónico: panaedit@panamericanaeditorial.com
www.panamericanaeditorial.com
Bogotá, D.C., Colombia.

ISBN: 958-30-1576-8

Impreso por Panamericana Formas e Impresos S.A.
Calle 65 No. 95-28. Tels.: 4302110 - 4300355. Fax: (571) 2763008
Quien sólo actúa como impresor.

Impreso en Colombia   Printed in Colombia

MITOS Y LEYENDAS DEL MUNDO

Grecia • Roma • América
Asia • África • Europa • Oceanía

COMPILACIÓN Y ADAPTACIÓN
FABIO SILVA VALLEJO

PANAMERICANA
EDITORIAL

CONTENIDO

MITOS Y LEYENDAS DE GRECIA

MITOS Y LEYENDAS DE ROMA

Mitos y leyendas de América

Mitos y leyendas
de Asia, África, Oceanía y Europa

Mitos y leyendas de Grecia

Origen de las cosas

Antes de la creación del mundo existían ya, sin orden ni concierto alguno, los gérmenes de todas las cosas que más tarde llegaron a la existencia. Estaban situados en un espacio abismal, desértico y confuso, al que llamaban Caos. Mas llegó un día en el que surgieron de aquel abismo, Gea (la Tierra), Eros (el Amor), Erebo (la tiniebla infernal) y Nicte (la Noche). Gea, a su vez, dio a luz a Urano (el Cielo estrellado). Con el tiempo, la madre y el hijo concertaron un enlace, del que nacieron como primer fruto los seis Titanes (Océano, Ceo, Crío, Hiperión, Japeto y Cronos) y las seis Titánides (Tía, Rea, Temis, Febe, Mnemósine y Tetis). Después Gea trajo a la existencia a los tres cíclopes, seres gigantescos que tenían un solo ojo

Egisto y Clitemnestra.
Cuadro de Guerin.
Museo de Louvre.

circular en la frente, y cuyos nombres, Arges, Estéropes y Brontes, corresponden al rayo, el relámpago y el trueno, respectivamente.

Pero Urano, que aborrecía a sus hijos, los titanes y los cíclopes, encerró a unos y a otros en el seno de su madre, la Tierra. Gea montó en cólera e hizo presión sobre su hijo Cronos para que, utilizando una hoz, mutilase a su propio padre, Urano. De su sangre, nacieron las diosas de la Venganza y tras ellas los terribles gigantes.

Cronos tomó por esposa a Rea, diosa de la Fecundidad. Zeus es uno de los hijos de este matrimonio. El imperio de Cronos sobre el mundo duró mucho tiempo. Al fin se rebeló contra él su propio hijo Zeus, quien deseaba ocupar el trono celestial. Cronos aceptó el reto y llamó en auxilio a los titanes, pero sólo acudieron nueve; los tres restantes se unieron a Zeus. Se entabló una lucha tremenda en los montes Olimpo y Otris. Diez años duró la contienda, y el universo entero temblaba bajo su estruendo. Al fin, aconsejado por Gea, Zeus puso en libertad a los Cíclopes que estaban prisioneros en el seno de la Tierra; ellos le proporcionaron el rayo, el trueno y el relámpago y con su auxilio alcanzó la victoria. Como castigo, por haberse puesto en su contra, Zeus condenó a Atlas a sostener sobre sus hombros la bóveda celeste, y a Erebo a permanecer eternamente en las profundidades del Tártaro. Los dioses, mediante un sorteo, se repartieron el mundo: a Zeus le correspondió el cielo, a Poseidón el mar y a Hades el mundo subterráneo. Zeus fue reconocido como jefe de los dioses.

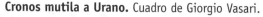

Cronos mutila a Urano. Cuadro de Giorgio Vasari.

La mesa de los doce dioses. Bajo relieve. Museo de Louvre.

LOS DIOSES DEL OLIMPO

Los dioses del Olimpo vivían todos juntos en un enorme palacio erigido entre las nubes, en la cima del monte Olimpo, la cumbre más alta de Grecia. Grandes muros, demasiado empinados para poder ser escalados, protegían el palacio. Los albañiles de los dioses del Olimpo, cíclopes gigantes con un solo ojo, los habían construido imitando los palacios reales de la tierra. Destronado Cronos y vencidos los titanes, Zeus ejerció todo su poder. Instalándose allí, fijó la morada de los inmortales. Poseidón, Hera, Deméter, Hades eran, como él, hijos de Cronos y Rea. Otros como Atenea, Apolo y Artemisa eran sus hijos o nietos. Todos formaban una verdadera ciudad organizada en correspondencia con la organización política de las ciudades griegas.

Los dioses tienen cuerpos humanos, pero más grandes y fuertes, más hermosos y no envejecen ni mueren. Se alimentan de ambrosía (planta nueve veces más dulce que la miel), y pueden metamorfosearse, cambiando de apariencia, a voluntad. Como los hombres, piensan y tienen ideas, aman, odian; tienen envidia, celos y padecen dolores. No se caracterizan por ser imparciales ni justos, sino que hacen objeto de su cólera a los mortales que los ofenden.

Hay doce dioses que son considerados superiores a los demás. Son los *dioses mayores*, que predominantemente han ingresado en nuestra cultura con sus nombres latinos más que con los griegos, debido a que los romanos fueron instruidos en las disciplinas de las letras y las artes por los propios griegos que sometieron, y unificaron sus dioses propios con los de Grecia clásica, con diferente nombre, así:

DIOS	NOMBRE GRIEGO	NOMBRE LATINO
Padre de los dioses y Dios de la luz	Zeus	Júpiter
Diosa del matrimonio	Hera	Juno
Diosa de las artes y la sabiduría	Atenea	Minerva
Dios del mar	Poseidón	Neptuno
Diosa del fuego y del hogar	Hestia	Vesta
Dios de la música y de la poesía	Apolo	Febo
Diosa de los cazadores	Artemisa	Diana
Diosa de la fertilidad	Deméter	Ceres
Dios del fuego	Hefesto	Vulcano
Dios de la guerra	Ares	Marte
Diosa del amor y la belleza	Afrodita	Venus
Dios del comercio y de la elocuencia	Hermes	Mercurio

Zeus y Europa.
Cuadro de Gustavo Moreau.
Museo Gustavo Moreau.

ZEUS

Señor supremo en el panteón griego, preside las manifestaciones celestes, provoca las tormentas y las tempestades.

Es el dios de la luz. Personifica el cielo con todo su poderío, es el símbolo de la lluvia, el viento, las tormentas, del ciclo de las estaciones y de la sucesión de la noche y el día. Al ser dios del cielo y sus fenómenos, se halla en la cima, como *padre de todos los dioses* y todos los hombres. Es *el que amontona las nubes* y el que aventaja a todos, el potentísimo, al que todos obedecen, fundador del orden y garante de la justicia, padre y antepasado, es el dios más importante y con el que van a ser emparentados de una manera o de otra los demás dioses.

Las uniones de Zeus tanto con diosas como con mortales son innumerables. Por miedo a que Metis, su primera mujer, le engendrara un hijo que después lo destronase, Zeus la devoró cuando vio que estaba embarazada. Temis, una de las titánides, fue su segunda esposa. Ella le dio por hijas a las Horai (las Horas), llamadas Eirene (la Paz), Eunomía (la Disciplina) y Dike (la Justicia); y también a las Moiras (las Parcas), encargadas de regir los destinos humanos.

Posteriormente Zeus se unió con Dione (una titánide); de esta unión nació Afrodita. Tuvo otras muchas relaciones amorosas que le proporcionaron hijos e hijas: de Eurínome (hija de Océano) nacieron las Gracias (Cárites), Eufrosine y Talía; de Mnemósine (titánide que simboliza la Memoria), las musas; de Leto, Artemisa y Apolo. De su matrimonio con Hera, su propia hermana, nacieron Hebe, Ilitía y Ares. Con otra de sus hermanas, Deméter, tuvo a Perséfone.

Muchas de las uniones de Zeus tuvieron lugar bajo formas animales para escapar de los celos feroces de su esposa Hera. Con forma de toro sedujo a Europa; con la de cisne se unió a Leda, y se transformó en lluvia de oro para atraer a Dánae.

Los atributos reales de Zeus son el rayo, con el que fulmina a sus enemigos, el trueno, que utiliza como vehículo del enfado, el cetro y la corona. Además se puede transformar en águila (símbolo del poder) o en toro (como dios de la fertilidad). Es también salvador y protector del orden moral y social del Estado y de él suelen proceder muchas generaciones de héroes. Aunque Zeus tuvo varias esposas, su esposa legítima es Hera, una de sus hermanas, que reina con él en el Olimpo.

HERA

Hija de Cronos y de Rea, nació en la isla de Samos. Liberada gracias a la intervención de Zeus de las entrañas de su padre que se la había tragado, escogió como morada la isla de Eubea.

Antes de conseguir que se casara con él, Zeus la cortejó bajo la forma de cuco. Hera cogió el ave para arrullarla contra su pecho y así se dio cuenta de la superchería de su hermano; después, cuando nació Hefesto, Hera afirmó que su nacimiento se había producido sin la intervención masculina.

Convertida en la esposa legítima de Zeus y asociada a él como la soberana del Olimpo, de ella nacieron Ares, Ilitía y Hebe. Entregada a los cuidados de su belleza, la diosa de los blancos brazos demostró una fidelidad ejemplar a su esposo y persiguió a sus rivales con ferocidad. Cansada de las incontables traiciones de Zeus, en las que ella no podía intervenir, acabó vengándose de él al darle como hijo al horrible monstruo Tifón, al que Zeus, muy a

Hera, reina del cielo, esposa legítima de Zeus.

pesar suyo, no pudo exigirle sumisión. Las desavenencias de la pareja dieron lugar a numerosas discusiones origen de las perturbaciones atmosféricas.

Los santuarios principales de Hera, modelo divinizado de la mujer, esposa y madre, se erigieron en Argos, en Olimpia y en Samos.

ATENEA

Es una divinidad guerrera que nació con la coraza puesta y la lanza en la mano, pero también encarna la razón. Inventó los carros de combate, dirigió la construcción de Argos, enseñó a los seres humanos el arte de domar caballos, así como las técnicas de la alfarería, de los telares y de los bordados. Es la que inspira a héroes tan ingeniosos como Perseo, Beleforonte, Heracles, Diomedes, Aquiles y Ulises.

Habiendo puesto sus ojos sobre la tierra del Ática, tuvo que luchar por ella contra su tío Poseidón. Los dioses fueron convocados para juzgar el caso y se pronunciaron a favor de Atenea, que dio su nombre a la ciudad de Atenas.

Casta y virgen, Atenea hizo que se volviera ciego el tebano Tiresias porque la había sorprendido un día bañándose. Sin embargo, sensible a la inocencia de su víctima, le concedió la gracia de la adivinación.

En la rivalidad con Poseidón por dar nombre a la región del Ática (Atenas), Poseidón clavó su tridente en la tierra y de él emanó un lago. Atenea clavó su lanza y surgió el olivo, símbolo de paz y riqueza, y el pueblo la eligió como su diosa protectora.

En la guerra de Troya, mandó a Poseidón a que creara grandes tormentas, debido a que el pueblo griego dio protección en un altar dedicado a Atenea a la profetisa troyana Casandra.

Atenea fue muy celosa de todas aquellas que intentaron igualar sus dones, como Aracne, a la que convirtió en araña por su capacidad para tejer.

Se representa armada con lanza, casco, escudo redondo con la cabeza de Medusa, la égida y sandalias aladas. Se le asocia a la lechuza.

POSEIDÓN

Dios de los mares y de los ríos, suele ser representado como un hombre de gran altura, con barba y con un tridente en la mano. Hijo de Cronos y de Rea, Poseidón, como sus hermanas y hermanos, fue devorado por su padre cuando nació. Restituido a la vida gracias a Zeus, luchó junto a sus hermanos contra los titanes, a los que encerraron en el Tártaro. Como consecuencia de esta victoria obtuvo su primacía sobre los mares.

Durante la guerra de Troya, a pesar de la prohibición de Zeus, Poseidón intervino tomando partido a favor de los griegos: envió un monstruo marino que devoró a Hesíone, la hija de Laomedonte, y acosó a los troyanos en todos los combates. Pero ante las actitudes de los griegos en el saqueo a la ciudad, y después de que Áyax violara a Casandra en el templo de Atenea, la situación se invirtió y Poseidón decidió no ayudarles nunca más.

Poseidón habita en un palacio submarino, situado en el mar Egeo; es muy veloz y viaja a la velocidad del rayo, deslizándose sobre las aguas montado en su carro de oro.

Se vengó de Minos por haberse negado a sacrificar para él un toro magnífico salido del mar, despertando en Pasifae, la mujer de Minos, una tremenda pasión por el animal. Fruto de esta pasión nació un monstruo con cuerpo de hombre y cabeza de toro, conocido como Minotauro, al que Dédalo encerró en un laberinto para evitar que siguiera sembrando el terror en la región.

HESTIA

Hestia, la primogénita de las tres hijas de Cronos y de Rea, es la diosa del hogar. Fue cortejada por Apolo y Poseidón, pero los rechazó a ambos. Optó por la virginidad y permanecer así fue la condición que impuso a sus sacerdotisas.

APOLO

Hijo de Zeus y Leto, nació en la isla de Ortigia, isla flotante que después quedó fija en el centro del mundo griego y tomó el nombre de Delos.

Apolo. Museo del Capitolio, Roma.

Recién nacido, abandonó su cuna, pues tenía una fuerza invencible. Zeus le regaló un carro tirado por cisnes, y Hefesto, unas flechas. Con estos obsequios se marchó con su hermana gemela, Artemisa, a buscar un lugar en el cual se le rindiera culto. Llegó a los pies del monte Parnaso y allí se encontró con las huellas de un monstruo que servía a Hera persiguiendo a Leto. Apolo dio muerte a este animal, llamado Pitón, y en honor de su víctima instituyó los juegos fúnebres llamados juegos píticos. Una vez purificado de esta muerte en las aguas del río Peneo, Apolo volvió a la tierra que había elegido. Un día vio aproximarse una nave cretense y, tratando de atraer a los ocupantes para que le rindieran culto, se transformó en delfín y guió su embarcación. El lugar de Pito, desde este episodio, cambió su nombre por el de Delfos (de *delfis*, delfín).

Artemisa.
Estatua antigua.
Museo de Louvre.

Artemisa

Artemisa, hija de Leto y de Zeus, hermana gemela de Apolo, es la diosa de los cazadores y arqueros.

Optó por la virginidad y castigaba a todos los que pretendían seducirla, a los que la ofendían y a los que desatendían su culto.

Deméter

Es la diosa de la fertilidad más importante de Grecia. Encarna la tierra fecundada y el grano.

Zeus la condujo a su torre y allí la forzó bajo el aspecto de un toro. La diosa trajo al mundo una hija, Coré, que fue toda su alegría. Desgraciadamente, Hades, el tercero de sus hermanos, mostró su debilidad por Coré y la raptó.

Desde ese día, Deméter consagró toda su vida a la búsqueda de su hija. Se desinteresó por los cultivos que hasta entonces protegía y la tierra se transformó en un desierto, provocándose una hambruna para los seres humanos y los animales. Preocupado por esta situación, Zeus llamó a Hades y le obligó a devolver a Coré. Esta última, que ha tomado el nombre de Perséfone, no podía abandonar a Hades porque había ingerido un grano de grana-

Deméter colosal.
Estatua antigua.

da que simbolizaba el matrimonio. Zeus encontró entonces una solución: pidió a Deméter que volviera a vivir con los dioses y llegó a un acuerdo con Perséfone para que dividiera su tiempo entre su esposo y su madre. Ambas partes aceptaron el acuerdo y así, cada año, Perséfone se reúne con su madre en el Olimpo y, cuando llega el otoño, vuelve con Hades a las tinieblas subterráneas.

En ausencia de su hija, Deméter se recluye abandonando a la naturaleza, que duerme estéril; pero cuando vuelve su hija, sale de su retiro y con su presencia favorece la eclosión de toda la vegetación.

Hefesto

Hefesto labrando una viga.
Cáliz. Museo Británico.

Hefesto personifica el fuego. Hijo de Zeus y de Hera, en cuanto nació fue arrojado desde lo alto del Olimpo por su madre, que quería ocultar la vergüenza de haberlo concebido antes del matrimonio. Recogido por las ninfas Tetis y Eurínome, el joven dios fue iniciado en el arte de la forja. Un día, Hera recibió un suntuoso trono de oro, hecho por su hijo, como regalo. Se sentó en él, pero no pudo levantarse y ninguno de los dioses del Olimpo consiguió romper el hechizo. Ares bajó a la fragua para pedirle a Hefesto que rompiera el encanto, pero éste no accedió.

Entonces fue Dioniso a visitar al artífice del trono, le llevó vino y lo emborrachó. En tales condiciones, Hefesto se dejó montar sobre un asno y, de manera tan poco ilustre, hizo su entrada en el Olimpo. Humillado, sólo aceptó liberar a su madre si se le concedía en matrimonio a la diosa más bella: Afrodita.

Ares

Hijo de Zeus y de Hera, nació en Tracia. Amante de la lucha por sí misma, recorrió los campos de batalla acompañado de Eride (la discordia) y de Ceres, los tres inseparables y sedientos de sangre.

Enemigo de Atenea, diosa de la razón y la sabiduría, era constantemente amonestado por su falta de sutileza. Se le representa en algunas situaciones en las que no sale vencedor, y Ares tiene que medirse tanto con el arrojo de los héroes como con la fuerza y la inteligencia de los dioses.

Los amores de Ares con seres mortales son innumerables, pero las criaturas que engendra son seres frustrados, violentos, rufianes, como Cicno, Diomedes de Tracia, Licaón o Enómao.

AFRODITA

Sobre el origen de Afrodita, diosa del amor y de la belleza, hay dos versiones. En una de ellas, Afrodita es hija de Zeus y Dione; en la otra, nació de la sangre que cayó al mar cuando Cronos mutiló a Urano.

Nacimiento de Afrodita. Cuadro de Botticelli.

Esposa de Hefesto, vivió un amor apasionado con Ares, del que nacieron Eros y Anteros y también compartió el lecho con Dioniso, Hermes y Poseidón. Afrodita no se contentaba sólo con el amor de los dioses, y también sucumbieron ante ella muchos mortales. De su unión con el troyano Anquises nació Eneas; amó apasionadamente a Adonis. Los asuntos humanos no le eran ajenos y le gustaba inmiscuirse en ellos; por ejemplo, cuando recibió la famosa manzana de oro de manos de Paris. Como muestra de su agradecimiento, la diosa despertó un gran amor entre Helena y Paris, y este amor desencadenaría la guerra de Troya.

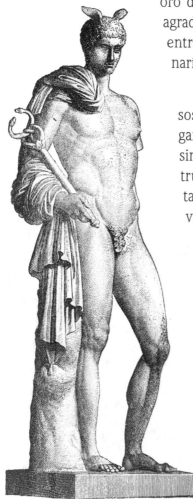

Los poderes de Afrodita son inmensos: protege a los esposos, fecunda los hogares y está presente en los partos. También simboliza la pasión desencadenada que destruye las uniones legítimas e incita a los mortales a toda clase de voluptuosidades y de vicios.

HERMES

Hijo de Zeus y de la joven pléyade Maya, nació en una gruta del monte Cileno, en la Arcadia. En cuanto pudo deslizarse fuera de la cuna, se colocó unas enormes sandalias (para que no se distinguieran las huellas de sus pies) y se dirigió a Tesalia, lugar en el que estaban pastando los rebaños de Apolo. Hurtó unos cuantos animales y los llevó andando hacia atrás, recorriendo toda Grecia, hasta una caverna en Pilos, y allí los encerró.

Hermes.
Estatua antigua.
Museo de Louvre.

Cuando Zeus tuvo noticias de este hecho, le produjo una gran hilaridad. Para reparar la travesura, Hermes le regaló a su hermano Apolo un instrumento musical hecho por él mismo. Apolo, encantado por el sonido armonioso de la lira, le dio a cambio el cayado de oro, que convirtió a Hermes en pastor celeste.

Con la ayuda de esta vara, un día separó a dos serpientes; los dos reptiles se enroscaron uno sobre el otro, y el cayado desde entonces se convirtió en el caduceo, el símbolo de la paz. Hermes, ingenioso y servicial, se convirtió en el mensajero de los dioses. Amado también por los seres humanos, atendía a todos con la misma disposición.

De sus amores con Afrodita nació un hermoso ser: Hermafrodito. También fue el padre de Pan, nacido como él en la Arcadia. Dios del viento, se le veneró en Grecia como el protector de las ovejas y de los rebaños así como de los viajeros y comerciantes; es además el dios de la elocuencia y conduce a los muertos en su camino hacia el Hades.

Hermafrodito y Pan.
Museo de Clarac.

Helio, hijo del titán Hiperión y de la titánide Tía.

DIOSES Y DIOSAS MENORES

EOS, LA AURORA

Era hija del titán Hiperión y de la titánide Tía y hermana de Selene (la Luna) y de Helio (el Sol). Su primer esposo fue el titán Astreo, de quien engendró los vientos, las estrellas y a Eósforo (la estrella de la mañana).

Después se enamoró de muchos mortales, entre ellos de Titono. Se casó con él y le suplicó a Zeus que concediera la inmortalidad a su marido. Zeus accedió pero no le otorgó la eterna juventud, por lo que envejecía y se acartonaba y sus movimientos producían un chirrido como el de una cigarra. Eos lo recluyó en sus habitaciones y se marchaba todas las mañanas muy temprano para no aguantar su presencia. Sus hijos son Mnemmón y Ematión, reyes, respectivamente, de Etiopía y de Arabia.

Sorprendió a Céfalo de caza y lo raptó, llevándoselo a Siria. Allí tuvieron un hijo, Faetonte. Este hecho suscitó grandes celos en la esposa de Céfalo, Procris, que acabó muriendo a manos de su esposo. Eos tuvo también por amante al cazador gigante Orión, al que condujo a Delos, al templo consagrado de Artemisa. La diosa, ofendida por esta acción, provocó la muerte de Orión.

HELIO, EL SOL

Helio, hijo del titán Hiperión y de la titánide Tía, tuvo numerosos amores y muchos hijos tanto de su esposa, Perseis, como de sus amantes. Sufrió además grandes contrariedades por culpa de Afrodita, pues Helio había sorprendido a la diosa en brazos de Ares y se lo contó a su marido, Hefesto. Cuando Zeus repartió la tierra entre los dioses, Helio se encontraba por el cielo, muy lejos, y no le dieron nada. Zeus trató de compensarlo dándole la isla de Rodas, que acababa de emerger. Camiro, Lindo y Yáliso, tres de los nietos de Helio, reinaron en las ciudades principales de la isla, que recibieron sus nombres. El coloso de Rodas, la estatua colocada a la entrada del puerto, representaba a Helio coronado con sus rayos. Corinto también se le atribuía a Helio; la consiguió gracias al arbitraje de Briareo, que apoyó a Helio en la disputa que éste mantenía con Poseidón por la ciudad.

SELENE, LA LUNA

Selene, hija del titán Hiperión y de la titánide Tía, dio a Zeus dos hijas: Herse y Pandia. Pan la sedujo ofreciéndole un maravilloso vellocino de oro. Se dice que Selene era la amante de Endimión y que no dormía nunca. A Selene se la asocia con Artemisa.

ORIÓN

Existen numerosas leyendas relativas a este cazador gigante de extraordinaria belleza. Se le considera hijo de un campesino de Beocia que lo había obtenido como agradecimiento por la hospitalidad que dispensó en una ocasión a Zeus, Poseidón y Hermes. También se dice que era hijo de Poseidón y de Euríale. Otra leyenda cuenta que en Quíos se enamoró perdidamente de Mérope, la hija del rey Enopio, que para castigarlo lo dejó ciego. Para recuperar la vista de nuevo se vio forzado a exponerse a los rayos del Sol. Murió asesinado por Artemisa. Cuenta una versión que la diosa, celosa porque su compañero se había dejado seducir por Eos, mató al gigante Orión con una de sus flechas. En otra versión, en cambio, Orión estaba a punto de forzar a la diosa, cuando Artemisa hizo salir de la tierra un escorpión que mordió al gigante y le produjo la muerte. Tras su defunción, Orión ocupó un lugar entre los astros, formando la constelación que lleva su nombre.

LAS MUSAS

Son las nueve hijas de Zeus y de Mnemósine (la Memoria). Cada una de ellas representa una función determinada: Calíope, la poesía épica y la elocuencia; Clío, la historia; Erato, la poesía elegíaca; Euterpe, la música; Melpómene, la tragedia; Polimnia, el mimo y la poesía lírica; Terpsícore, la danza y el canto; Talía, la comedia y el idilio; Urania, la astronomía y la geometría.

Sarcófago de las Musas: Clío, Talía, Erato, Euterpe.
Bajo relieve antiguo. (Parte 1). Museo de Louvre.

Su lugar preferido de residencia era el monte Helicón, donde Pegaso, golpeando con sus cascos, había hecho brotar una fuente que otorga la inspiración a los poetas. Las musas formaban parte del séquito de Apolo. De los amores entre Apolo y Talía nacieron los Coribantes (danzantes sagrados de Cibeles). Las Sirenas deben su nacimiento a Melpómene.

LAS PLÉYADES

Las Pléyades, hijas del titán Atlas y de la oceánide Pléyone, eran siete: Maya, Electra, Taigete, Astérope, Mérope, Alcíone y Celeno. Forman la constelación de las Pléyades. Según la tradición, Zeus las colocó con las estrellas, después de haberlas convertido en palomas para protegerlas de Orión, que las perseguía. Otra leyenda dice que ellas mismas se mataron, desesperadas por el castigo que Zeus había impuesto a su padre; después se transformaron en estrellas.

Sarcófago de las Musas: Polimnia, Calíope, Terpsícore, Urania, Melpómene.
Bajo relieve antiguo. (Parte 2). Museo de Louvre.

Poseidón, padre de Tritón y Proteo.

Divinidades del mar y de las aguas

Océano

Océano, hijo de Urano y de Gea, reina en el río mítico que rodea la Tierra. Su esposa Tetis y él no se unieron a los otros titanes en la guerra contra Zeus. Su vida fue apacible y de ellos nacieron todos los dioses y ninfas de los ríos, de los lagos, de los mares, incluidas las tres mil oceánides.

Dóride

Hija de Océano y de Tetis y esposa de Nereo, tiene poderes proféticos, como las demás divinidades acuáticas. Fue la madre de las Nereidas, y una de sus hijas, Tetis, engendró a Aquiles.

Nereidas

Estas divinidades marinas, hijas de Nereo y de Dóride, viven en el fondo del mar, en un palacio luminoso. Estas hermosas criaturas, mitad mujeres y mitad peces, a menudo suben a la superficie de las aguas y se camuflan entre las olas y las algas y cabalgan sobre los tritones.

Tritón

Nacido de los amores de la nereida Anfitrite y de Poseidón, se le representa como un hombre cuyo cuerpo acaba en dos grandes colas de pez.

Aparte de indicarles a los argonautas la ruta adecuada, se le recuerda también por desatar las aguas del diluvio y por haber calmado las tormentas levantadas contra Eneas.

Proteo

Hijo de Poseidón y de Tetis, debe su fama a sus extraordinarias dotes de adivino. Quien quería saber algo sobre su futuro tenía que visitarlo al mediodía, a la hora de la siesta. La interrupción de su descanso le enfurecía y entonces se metamorfoseaba en una serie de monstruos espantosos. Era el momento de formularle la pregunta, y de esta manera volvía a tomar su forma primitiva y contestaba. Menelao supo por él cómo volver a su patria y, gracias a él, Aristeo pudo repoblar sus colmenas destruidas por la dríades.

Circe

La maga Circe, hija de Helio y de la oceánide Perséis, era una experta en la preparación de filtros, venenos y brebajes que servían para transformar a los humanos en animales. Después de haber probado sus poderes con su esposo, transformó en monstruo a la bella y joven Escila porque el dios Glauco se había enamorado de ella, despreciando a Circe.

También transformó a Pico en un picamaderos por haber rechazado sus amores. Sin embargo, no quiso que Ulises corriera la misma suerte que sus compañeros, a los que había transformado en cerdos. El héroe sucumbió ante los encantos de Circe y pasó con ella más de un año. La maga le aconsejó que fuera al reino de Hades para consultar a las almas de los muertos cuál era el mejor camino para volver a la isla de Ítaca.

ESCILA

Escila fue en su origen una ninfa muy bella transformada en monstruo de seis cabezas y de doce pies por Circe, celosa del amor que Glauco sentía por la joven. Se encontraba en un lado del estrecho de Mesina y, como era inmortal, jamás recobraría su forma primitiva, por lo que su rabia la transformó en venganza contra los marineros que pasaban por allí, y los devoraba utilizando sus múltiples bocas.

Así fue como perecieron seis de los compañeros de Ulises. Al final se transformó en una roca y bajo esta forma se le apareció a Eneas cuando él utilizó este camino.

CARIBDIS

Hija de Gea y de Poseidón, dotada de un feroz apetito, se comió unos cuantos corderos de Heracles. Para castigarla, Zeus la hundió en un abismo en el estrecho de Mesina. Allí absorbía poderosamente las aguas del mar, arrastrando también a los barcos, que eran tragados por el remolino. Los marineros que viraban rápidamente para evitar a Caribdis se encontraban de frente con Escila, dispuesta a devorarlos.

CÍCLOPES

Gigantes que sólo tienen un ojo. Arges (el Relámpago), Brontes (el Trueno) y Estéropes (la Tormenta) eran hijos de Urano y Gea.

Tomaron parte en el combate de Cronos contra Urano y en el de Zeus contra Cronos. Criadores de ganado, recolectan, sin usar ninguna técnica agrícola, lo que la tierra les da espontáneamente y devoran a los humanos que se atreven a permanecer en sus territorios o en sus cavernas. En el viaje de regreso hacia su patria, Ulises y sus compañeros tuvieron que medirse con el más irreductible de todos los cíclopes: Polifemo.

El cíclope Polifemo.
Estatua de
Cornelio Vandeve.
Museo de Louvre.

Narciso.
Cuadro
de Lèpiecé.

DIVINIDADES AGRESTES

NARCISO

Narciso, hijo del dios-río Cefiso, río de Beocia, y de la ninfa Leiríope, era tan hermoso que un gran número de muchachos y muchachas se enamoraron de él. Pero Narciso no mostró interés por nadie.

La ninfa Eco (Hera, por sus engaños, la había condenado al silencio y a pronunciar sólo las últimas sílabas de las frases de los demás) se enamoró apasionadamente de él. Ante la indolencia de Narciso, Eco enfermó y adelgazó hasta el punto de quedarse sin cuerpo, y subsistió sólo como voz.

Némesis juzgó la actitud de Narciso hacia la ninfa demasiado cruel y entonces lo condenó a enamorarse de su propia imagen. Cuanto más se miraba Narciso en las aguas que brotaban de la fuente del monte Helicón, más se enamoraba de sí mismo.

Esta vana pasión lo atenazó, hasta que con sus labios tocó la imagen del agua; ésta desapareció y murió. Los dioses lo transformaron en la flor del narciso.

Pan

Es el dios del pastoreo de corderos y de cabras, y se le atribuyen varios padres y madres. Según las distintas tradiciones es hijo de Zeus, de Apolo o de Cronos, entre otros muchos. Se ha dicho que su madre fue Calisto, Penélope, Hibris, e incluso una cabra. Sus extremidades inferiores son de macho cabrío y tiene unos cuernos pequeños en la cabeza.

El instrumento que toca es la siringa o flauta de Pan. La obtuvo de una de sus aventuras amorosas al perseguir a la ninfa Siringe. Pan también ama a Selene (la Luna), a la que atrae hacia el bosque prometiéndole un hermoso vellocino de lana blanca.

Se le atribuye un carácter violento. Pan se enoja si se le molesta mientras está durmiendo; a pesar de todo, es uno de los compañeros preferidos de los poetas bucólicos, como su hermano Dafnis.

Pan. Estatua antigua.
Museo de Louvre.

DAFNIS

Una de las leyendas sobre Dafnis cuenta que, siendo muy joven, presumía de poder resistirse a las tentaciones amorosas. Eros y Afrodita decidieron castigar su osadía y le enviaron a la ninfa Nomia. Él cayó perdidamente enamorado, pero no dijo nada a nadie. Su pasión secreta y desesperada llegó a los oídos de la ninfa, que aceptó ser suya con la condición de que le jurara fidelidad eterna. Entonces apareció Xenia (una mortal), que, loca de amor por Dafnis, lo embriagó y lo forzó a unirse con ella. Las desgracias de Dafnis desde entonces no tuvieron fin; iba relatándolas a los seres campestres acompañándose de la siringa que le había regalado Pan. Murió al caer a un río en el que las ninfas lo dejaron ahogarse por haber roto su promesa con Nomia.

Dafnis y Cloe. Museo del Duque de Osuna.

MARSIAS

Sátiro frigio, se le considera el inventor de la armonía frigia. Al encontrar la flauta que Atenea había tirado, Marsias decidió retar a Apolo. Las musas y el rey Midas serían los jueces del torneo. Tras un enconado desafío, las musas se pronunciaron a favor de Apolo, y el rey, a favor de Marsias. Furioso, Apolo hizo que a Midas le crecieran las orejas de burro y condenó a Marsias a morir colgado de un pino. De su sangre y de las lágrimas que vertieron por él sus amigas las ninfas nació el río que lleva su nombre.

ARISTEO

Aristeo, hijo de Apolo y de la ninfa Cirene, fue confiado a Gea cuando nació, y ésta, ayudada por las Horas, se encargó de su educación. Las musas le enseñaron el arte adivinatorio y el de la medicina. Por su parte, las ninfas le enseñaron tiro con arco, el cultivo de los olivares y la apicultura.

Un día vio pasar a una muchacha muy bella y decidió perseguirla. Era Eurídice, amada por Orfeo, que en su huida precipitada fue mordida por una serpiente venenosa que le causó la muerte. Los dioses se vengaron aniquilando las abejas de Aristeo. Aconsejado por Cirene, Aristeo fue a pedir ayuda al monstruo Proteo, que le sugirió ofrecer a las ninfas el sacrificio de cuatro novillos, y a Orfeo, un cordero negro. Aristeo accedió, y cuatro días después, encontró los despojos de los animales llenos de abejas.

Aristeo.
Estatua antigua.
Museo de Louvre.

El rapto de Perséfone.
Obra de Girardon.
Jardines de Versalles.

El mundo infernal

Estigia

Estigia, hija primogénita de Océano y de Tetis, reina sobre el río que nace en Océano, corre por el monte Quelmo atravesando un desfiladero salvaje y desciende hasta los Infiernos. Allí se divide en muchos brazos (uno de ellos es el Cocito) antes de dar nueve vueltas en torno al reino de Hades. Casada con el titán Palante, Estigia trajo al mundo a Crato (el Poder), Bía (la Fuerza), Zelo (la Emulación) y Nike (la Victoria). Los cuatro ayudaron a Zeus a vencer a Cronos; desde entonces lo acompañaron siempre y fueron sus consejeros. Cualquier divinidad que faltara a un juramento, pronunciado en nombre de Estigia, recibía el castigo de permanecer nueve años en un letargo parecido a la muerte y después sufría un destierro de otros nueve años lejos del Olimpo.

Aqueronte

Aqueronte, hijo de Helio y de Gea, fue arrojado a los Infiernos por Zeus por haber dado agua a los gigantes cuando éstos se rebelaron contra los dioses Olímpicos.

El Aqueronte, río de aspecto siniestro, límite entre el mundo de los vivos y el reino de los muertos, corre por el Epiro hasta las entrañas de la tierra. Las almas de los muertos, que van en la barca de Caronte, tienen que atravesarlo antes de llegar a su morada definitiva.

Lete

Lete, hija de Éride (la Discordia) y madre de las Cárites, es un manantial que hay en los Infiernos al que acuden a relajarse las almas de los muertos con el fin de olvidar los sufrimientos pasados y las circunstancias de su anterior vida terrenal.

Perséfone

Perséfone, hija de Zeus y de Deméter, fue criada secretamente en Sicilia por su madre. Un día, mientras recogía flores, la vio Hades, que paseaba en su carro dorado; el dios de los Infiernos la raptó. Cuando Deméter descubrió dónde se encontraba su hija, fue a buscarla y Zeus la autorizó a llevarse a Perséfone, siempre que no hubiera comido nada durante su permanencia en el Hades.

Perséfone había comido unos granos de granada (símbolo del matrimonio) y Hades hizo valer sus derechos. Zeus encontró una solución: Perséfone dividiría su tiempo así: pasaría cuatro meses al año reinando como soberana de los Infiernos y se encontraría con su madre el resto del año.

CARONTE

Caronte, hijo de Érebo y de Nicte, cruza el alma de los muertos en el río Estigia hasta su última morada, en el reino de Hades. Es un viejo desagradable, miserable e irritable que exige a sus pasajeros que le paguen el viaje con un óbolo. De ahí procede la costumbre griega de enterrar a los muertos con una moneda en la boca.

CERBERO

Hijo de Tifón y de Equidna, hermano de Hidra y de la Quimera, es el perro que custodia las puertas del Infierno. Tiene tres cabezas, cola de serpiente y una fila de serpientes en el lomo. Su misión es impedir la salida a los muertos y la entrada a los vivos al reino

Cerbero y Hades.
Obra de Augusto Pajou.
Museo de Louvre.

de Hades. No obstante, Orfeo consiguió que lo dejara pasar al mundo infernal hechizándolo con su música; la sibila de Cumas, guía de Eneas en su bajada al Infierno, lo adormiló con una especie de pastel; Heracles sólo con su fuerza, consiguió vencerlo y llevarlo hasta Micenas para mostrárselo a Euristeo y después devolverlo a los Infiernos, como le había sido ordenado en su undécimo trabajo.

ERINIAS

Alecto, Tisífone y Megera son las diosas de la venganza; simbolizan las leyes del mundo moral y castigan a quienes las han transgredido. Representadas con figuras de mujeres negras, grandes alas desplegadas, pies de bronce, con fustas, antorchas, serpientes enroscadas alrededor de sus ma-

Erinia persiguiendo a Orestes.
De Milingen. Vasos Coghill.

nos y de sus cabellos, se les llama las Euménides (las "Bondadosas") para alejar sus maleficios y evitar que se enojen.

TÁNATO

Tánato, hijo de Nicte y hermano gemelo de Hipno, es el encargado de ir a buscar a los mortales cuando llegan al final de sus días. Corta para Hades un mechón de cabellos del muerto.

Centauro joven.
Roma, Museo
Capitolino.

BESTIARIO GRIEGO

AVE FÉNIX

Ave fabulosa de enorme tamaño, con forma de águila y plumaje de fantásticos colores.

Animal único en su género, no se reproduce uniéndose a otro de su misma especie. Cuando presiente su muerte forma un nido con plantas aromáticas, se acuesta en él y se prende fuego y de sus cenizas surge el nuevo Fénix, que toma el cadáver de su padre y lo deposita en el interior de un tronco de mirra hueco. Después transporta el tronco hasta la ciudad de Heliópolis. En su viaje es acompañado por bandadas de aves de distintas especies. Cuando llega al altar del sol, en el templo de Heliópolis, deposita a su antecesor sobre el altar. Un sacerdote del templo comprueba con un antiguo dibujo del Fénix la autenticidad del animal y una vez hecha la comprobación incinera al viejo Fénix. Concluida la ceremonia, el nuevo Fénix regresa a Etiopía donde vive alimentándose de gotas de incienso hasta el fin de sus días. La vida de cada Fénix se fija en quinientos, mil o más años.

CENTAUROS

Hijos de Ixión y de una nube con forma de Hera llamada Néfele, eran unos seres monstruosos, de cintura para arriba con forma y apariencia de hombre y de cintura para abajo con forma y apariencia de caballo. A veces también son representados como hombres erguidos, de cuyo trasero sale la parte posterior de un caballo.

Habitaban los bosques de la Élide, Arcadia y Tesalia. Sus costumbres eran salvajes, primitivas y violentas. Comían carne cruda y cazaban armados de palos y piedras. Aunque suelen aparecer como una unidad, a veces sobresale el nombre de alguno de ellos como en los casos de Neso, Folo y Quirón. Los dos últimos difieren de sus compañeros por tener un carácter apacible, ser hospitalarios y amigos de los humanos.

ESFINGE

Monstruo femenino con rostro de mujer, cuerpo de león y alas de ave de rapiña.

Es hija de Equidna (la víbora con cuerpo de mujer, pero con cola de serpiente en lugar de piernas) y Ortro (perro de varias cabezas, que pertenecía a Geriones, y que fue muerto por Heracles).

Hera envió a la Esfinge a Tebas, para castigar la ciudad por el amor culpable que sentía Layo por Crisipo, hijo de Pélope. La Esfinge se estableció en una de las montañas al oeste de Tebas, y desde allí atormentaba al país. A los viajeros les imponía acertijos imposibles de resolver, con la condición de que si los respondían, no los devoraría. Todos fallaban en la difícil empresa, hasta que llegó Edipo.

Edipo y la Esfinge.
Pintura de Ingres.

El enigma más común de la Esfinge era: ¿Cuál es el ser que tiene cuatro patas por la mañana, dos al mediodía y tres por la noche y que se vuelve más lento según tenga más patas? Pero había otro que hacía también muy a menudo y era: Hay dos hermanas, una de las cuales engendra a la otra, y ésta a su vez engendra a la primera. La respuesta al primero es el hombre, pues gatea cuando niño, camina de adulto y de viejo usa bastón. La respuesta al segundo son el día y la noche, ("día" en griego es femenino).

Edipo logró resolver ambos enigmas. La Esfinge, entonces, se lanzó al vacío desde lo alto de la roca donde solía sentarse. Ante esto, Tebas lo nombra rey y le piden que se case con su reina Yocasta, quien verdaderamente era la madre de Edipo.

GORGONAS

Las Gorgonas eran tres monstruos y se llamaban Esteno, Euríale y Medusa. Las tres eran hijas de las divinidades marinas Forcis y Ceto. De las tres, sólo Medusa era mortal, pero era considerada la Gorgona por excelencia.

Tenían serpientes en vez de cabellos, grandes colmillos, manos de bronce y alas de oro. Su mirada era tan penetrante que quien osaba mirarlas a los ojos quedaba convertido en piedra. Pertenecen a la generación preolímpica. Vivían en el occidente extremo, no lejos del País de los Muertos. Todos les temían, y sólo Poseidón fue capaz de unirse a Medusa y darle dos hijos: el caballo alado, Pegaso, y Crisaor.

Las leyendas se centran en Medusa, pues aunque según una tradición fue siempre monstruo, hay otra según la cual era una hermosa joven que se atrevió a rivalizar con Atenea en belleza, por lo que la diosa la convirtió en Gorgona.

Perseo logró cortarle la cabeza elevándose en el aire gracias a las sandalias aladas de Hermes, y para no mirarla usó como espejo su escudo brillante. En adelante, Atenea tuvo la cabeza de la Gorgona en su escudo y se volvió invencible. Además, Perseo se quedó con la sangre, a la cual se le atribuían cualidades mágicas: la que brotó del lado izquierdo era un veneno mortal y la del lado derecho curaba y resucitaba al que la bebiera. Por otro lado, su cabello hacía huir al ejército más numeroso.

Minotauro

Monstruo con cabeza de toro y cuerpo de hombre. Era hijo de Pasifae, reina de Creta, y de un toro blanco como la nieve que el dios Poseidón había enviado al marido de Pasifae, el rey Minos. Cuando éste se negó a sacrificar el animal, Poseidón hizo que

Teseo y el Minotauro.
Escultura antigua. Quinta Albani, Roma.

Pasifae se enamorara de él. Después de dar a luz al Minotauro, Minos ordenó al arquitecto e inventor Dédalo que construyera un laberinto tan intrincado que fuera imposible salir de él sin ayuda. Allí fue encerrado el Minotauro y lo alimentaban con jóvenes víctimas humanas que Minos exigía como tributo de Atenas.

El héroe griego Teseo se mostró dispuesto a acabar con esos sacrificios inútiles y se ofreció como una de las víctimas.

Cuando Teseo llegó a Creta, la hija de Minos, Ariadna, se enamoró de él. Después que Teseo acabó con el Minotauro, ella lo ayudó a salir dándole un ovillo de hijo que él sujetó a la puerta del laberinto y fue soltando a través de su recorrido.

QUIMERA

Hija de Tifón (hijo menor de Gea) y Equidna (la Víbora), tiene cabeza de león, busto de cabra y cola de serpiente, aunque también se representa con dos cabezas, una de cabra y otra de león.

Lo más aterrador de esta enorme criatura era que expulsaba gran cantidad de fuego por la boca, lo que la hacía casi invencible y sumamente peligrosa.

El rey de Caria, Amisodaro, la crió y su lugar de residencia era Pátara.

Como la Quimera sembraba el terror en la ciudad de Licia, el rey Yóbates acudió a Belerofonte, hijo de Poseidón, para que la eliminara. La intención del rey también era de deshacerse de Belerofonte, a petición de su yerno.

Belerofonte con la ayuda del caballo alado Pegaso logró introducir en la garganta de la bestia un trozo de plomo que, con el calor de las llamas de la Quimera, le destruyó las entrañas causándole la muerte.

Sirenas

Hijas del dios-río Aqueloo y de Melpómene, Calíope u otra musa, son divinidades marinas con cabeza y pecho de mujer y el resto del cuerpo de ave. Su número varía, según las versiones, entre dos y ocho, aunque lo más corriente es considerar que eran tres: Parténope, Leucosia y Ligia.

Ulises y las Sirenas.

Poseían una maravillosa voz con la que osaron competir con las Musas. Éstas las derrotaron y, como castigo por su osadía, les arrancaron las plumas a sus rivales. Avergonzadas, las Sirenas se retiraron a las costas sicilianas, cerca del estrecho de Mesina, donde, con sus cantos atraían a los marineros que, incapaces de resistirse, no podían evitar que sus navíos chocaran contra las rocas.

Los primeros navegantes que consiguieron pasar cerca de las Sirenas y sobrevivieron fueron los Argonautas, gracias a la ayuda de Orfeo, quien entonó tan bellas canciones que los Argonautas no se sintieron embrujados por el canto de las Sirenas.

Odiseo también pasó cerca de ellas, logrando evadir el peligro gracias a los consejos de Circe: el héroe taponó los oídos de su tripulación con cera, pero como él deseaba oír tan hermosos cantos, ordenó que lo atasen al mástil del barco. De esta manera consiguió sustraerse al influjo de las mágicas melodías.

Un oráculo había vaticinado que las Sirenas perecerían cuando un mortal consiguiera sustraerse al hechizo de su canto. Por eso, cuando Odiseo pasó de largo las Sirenas se sumergieron en las profundidades del mar.

Tifón

Existen varias versiones sobre su nacimiento, la más extendida lo hace hijo de Gea y Tártaro. Otra leyenda relata cómo Hera dio a luz a Tifón sin intervención masculina, después entregó su vástago a la serpiente Pitón de Delos para que ella lo criase.

Tifón era un ser monstruoso, más alto que cualquier montaña. En vez de dedos tenía cabeza de dragón, en lugar de piernas, un sinnúmero de víboras, sus ojos despedían fuego y su cuerpo era alado.

Como ese engendro ambicionaba el dominio del mundo, atacó el Olimpo. Cuando los dioses lo vieron, huyeron despavoridos a Egipto, donde se ocultaron bajo la forma de diversos animales: Apolo se transformó en milano, Ares en pez, Dioniso en macho cabrío, Hermes en ibis, etc. Sólo Atenea y Zeus hicieron frente al engendro. En el monte Casio se entabló una feroz contienda entre Zeus y Tifón. Éste finalmente consiguió arrancar al señor del Olimpo la hoz con la que le atacaba y armado con ella, cercenó los tendones de su oponente, haciéndole perder toda su fuerza. Después Tifón metió los tendones dentro de una piel de oso y los puso bajo la custodia de la dragona Delfine. Hermes y Pan rescataron los tendones y se los devolvieron a Zeus, consiguiendo de esta forma que el dios recuperara su fuerza. Montado en un carro con caballos alados, Zeus emprendió la búsqueda de Tifón. Una vez localizado se reanudó la lucha. Durante este enfrentamiento, Tifón se dirigió al monte Nisa, donde las Moiras le habían informado que existían unos frutos mágicos que le proporcionarían fuerza. Zeus salió tras él y la batalla continuó hasta que Zeus logró sepultarlo en el monte Etna. Según unas versiones, aún se oyen los lamentos del monstruo atrapado bajo el monte.

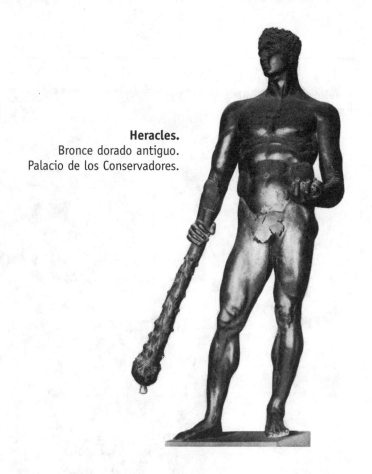

Heracles.
Bronce dorado antiguo.
Palacio de los Conservadores.

LA REBELIÓN DE LOS GIGANTES

Cuando Heracles mató a Anteo, Gea protestó ante los dioses del Olimpo. Dijo que, para compensarla, Zeus debería perdonar a Atlas y a los otros titanes, sus hijos, quienes aún estaban condenados a esclavitud perpetua. Zeus no aceptó. Para vengarse, Gea fue a Flegras, en Tracia, y creó allí a veinticuatro descomunales gigantes de largas barbas y con pies de cola de serpiente. Planearon atacar a los dioses del Olimpo, lanzando gruesas piedras y teas contra el palacio. Hera, esposa de Zeus, profetizó que la única esperanza de los dioses del Olimpo era encontrar una planta que crecía en algún lugar de la Tierra y quien la oliera jamás resultaría herido. Para evitar que los gigantes la utilizaran, Zeus ordenó al Sol y a la Luna que no brillaran durante un tiempo. Luego, la buscó en medio de las Tinieblas, hasta que la encontró y la puso fuera del alcance de sus enemigos. Hera volvió a profetizar: los dioses no podrían vencer a los

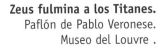

Zeus fulmina a los Titanes.
Paflón de Pablo Veronese.
Museo del Louvre .

gigantes sin la ayuda de un mortal. Entonces, Atenea, hija de Zeus y de Metis, incluyó a Heracles en las filas de los Olímpicos.

Los dioses abandonaron el Olimpo e invadieron Flegras.

Heracles colocó una flecha en su arco y disparó contra Alcioneo, el jefe de los Gigantes. Éste se desplomó como si hubiera muerto, pero en seguida volvió a levantarse, pues, según se decía, cuando caían heridos en la lucha, el contacto con la Tierra, su madre, les renovaba sus fuerzas, pero eso sólo ocurría dentro de los límites de su tierra natal. Heracles, entonces, aconsejado por Atenea, hirió a Alcioneo y, sin dejar que cayera lo llevó hasta cruzar la frontera, donde murió.

De esa manera, entre los rayos de Zeus y las flechas de Heracles eliminaron uno a uno a los Gigantes.

El suplicio de Tántalo

Tántalo hijo de Zeus y de la titánide Pluto, era el rey de Lidia. Casado con Dione una hija de Atlas, engendró a Pélope, Niobe y Bróteas. Se dice que para probar la clarividencia de los dioses, mató a su hijo Pélope y les ofreció a los inmortales en un banquete su carne como un simple estofado. Ninguno se dejó engañar excepto Deméter, que, turbada por la pérdida de su hija, no se daba cuenta de nada. Devolvieron la vida a Pélope y su hombro, que se había comido Deméter, fue remplazado por uno de marfil. Otra de las historias que se cuentan de Tántalo es que ofreció a sus amigos néctar y ambrosía que había robado a los dioses; también se dice que contó a los mortales algunos secretos que les había oído a los inmortales. Su condena fue padecer el hambre y la sed eternas. Tántalo estaba suspendido de un árbol frutal junto a un río, pero cuando intentaba coger una fruta, la rama se elevaba, y cuando se agachaba para beber, el agua se alejaba.

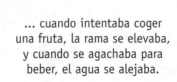

... cuando intentaba coger una fruta, la rama se elevaba, y cuando se agachaba para beber, el agua se alejaba.

EL SUPLICIO DE SÍSIFO

Hijo de Eolo y de Enáreta, su astucia y habilidad son proverbiales. Fundó la ciudad de Éfira, más tarde llamada Corinto, donde despojaba de sus bienes a cuanto viajero pasaba por allí. Habiendo sorprendido a Zeus en el momento de raptar a la ninfa Egina, Sísifo se lo dijo a Asopo, el dios fluvial, padre de la ninfa, prometiéndole darle más señales si hacía brotar una fuente para él. Y fue así como surgió el manantial de Pirene. Zeus, furioso por haber sido traicionado, envió a Tánato, la Muerte, para que se llevara a Sísifo al reino de Hades, pero Sísifo consiguió engañar a Tánato y lo encerró en una torre, por lo cual, los mortales dejaron de morirse; los dioses se inquietaron y mandaron a Ares que liberara a Tánato. Una nueva astucia de Sísifo le permitió escapar de la muerte. Sísifo fue condenado a padecer un castigo eterno en el Tártaro, por sus faltas, por haber denunciado a Zeus y, sobre todo, por haber seducido a Tiro: debía empujar eternamente en los Infiernos una roca hasta lo alto de una colina, desde donde caía de nuevo hasta la base, viéndose obligado a subirla otra vez.

... debía empujar eternamente en los Infiernos una roca hasta lo alto de una colina, desde donde caía de nuevo hasta la base...

Pasifae y Dédalo.
Bajo relieve alejandrino.
Palacio Spada.

DÉDALO, EL HOMBRE
QUE APRENDIÓ A VOLAR

Dédalo hombre muy inteligente que, además de herrero, escultor y arquitecto, fue un gran inventor. Un día fue acusado de un crimen y desterrado de Atenas su ciudad natal. Pasado algún tiempo, después de caminar y navegar por muchas horas, días y semanas, llegó a la isla de Creta en donde gobernaba el rey Minos.

No pasó mucho tiempo, cuando una mañana los soldados de Minos visitaron la humilde posada en la que vivía.

—¡El rey solicita de urgencia al herrero Dédalo! —gritó el soldado que iba al frente.

—Soy Dédalo y quiero saber para qué me necesita el rey —contestó Dédalo desde una de las ventanas.

—¡El rey Minos se ha enterado de que usted es un excelente arquitecto y quiere que le ayude a resolver un problema muy delicado! —exclamaron casi en coro los soldados.

Dédalo que ya estaba acostumbrado a este tipo de solicitudes, bajó rápidamente y se dirigió escoltado por los soldados al palacio de Minos, y mientras llegaban, el soldado que iba adelante, le comentó sobre el problema del rey.

Minos era hijo de Zeus y de Europa, y desde el principio de su reinado había sufrido la venganza y el odio de Poseidón, rey de los mares, porque en una ocasión Minos, para demostrarles a sus hermanos que él era el elegido por los dioses para ser rey de Creta, construyó un altar para Poseidón y pidió a éste que hiciera salir del mar un toro, prometiéndole que luego lo sacrificaría en su honor. Minos fue nombrado rey, pero admirado por la belleza y fuerza del animal quiso conservarlo para él. Como castigo, Poseidón hizo que Pasifae la esposa de Minos se enamorara del toro que su marido no había querido sacrificar. De esta unión salió un monstruo con cuerpo de hombre y cabeza de toro conocido como el Minotauro.

—¿En qué le puedo ayudar, poderoso rey Minos? —preguntó Dédalo con humildad cuando estuvo delante del rey.

—Sé que eres el mejor arquitecto y necesito que me construyas un laberinto-prisión, para que allí viva la terrible bestia —respondió Minos.

Sin perder tiempo, Dédalo construyó el laberinto con infinitos corredores ensamblados de tal modo que, una vez dentro, era imposible hallar la salida.

Después de muchos años, Dédalo no sólo había diseñado y construido el laberinto para el Minotauro, sino inventado máquinas, muebles y construido juguetes para los niños del palacio. Cansado de trabajar y ansioso por recorrer otras partes del mundo, una mañana le dijo a Minos:

—Rey Minos ya llevo mucho tiempo sirviéndole a usted y su reino, ya construí el laberinto al Minotauro, hecho juguetes y máquinas para su servicio y el de sus familiares, creo que es hora de partir.

Irritado y temeroso el rey Minos de que Dédalo fuera a decir cómo se podía salir del laberinto donde vivía el Minotauro, lo mando encerrar en la torre más alta de su palacio junto con su hijo Ícaro, tenido con la esclava cretense Náucratis.

Desde ese día, Dédalo no pudo volver a hablar con el rey, y dedicó toda su inteligencia y creatividad para escapar de la prisión a la que lo había sometido el injusto Minos. Analizó las posibilidades de escape por tierra o por mar.

Por tierra el ejército cuidaba la ciudad y todo cuanto salía o entraba era rigurosamente requisado. Por mar era casi imposible, ya que los veloces buques de la flota de Minos los alcanzarían en la embarcación que fuera. No había sino una solución y un camino: por aire.

Entonces se puso a trabajar con entusiasmo. Reunió plumas de varios pájaros y fue poniéndolas en fila. Empezó con las más pequeñas, luego las medianas, y por último las más grandes. Después ató las plumas por el centro, con hilo y por uno de los extremos las unió con cera. Al fin, doblándolas un poco, les dio la forma de ala de pájaro.

Ícaro llegó tan cerca del Sol, que la cera que pegaba las plumas de sus alas empezó a derretirse...

Cuando ya tuvo el primer par de alas, Dédalo se dedicó un buen tiempo a estudiar el vuelo de las aves. Por largas horas miraba a las gaviotas, que eran sus predilectas, cómo planeaban, cómo bajaban en picada y rozaban las aguas del mar para robarle un pez en un segundo. También le gustaba mirar a los pelícanos y su majestuosidad para aterrizar justo encima de su presa, y a las diminutas golondrinas y la velocidad que alcanzaban en el aire sin mucho esfuerzo.

Después de unos meses, Dédalo lo sabía todo sobre la manera como volaban las aves que circundaban el océano que se abría frente a su prisión.

Como buen inventor que era, lo primero que hizo fue probar sus alas. Y una noche de luna llena se las puso en la espalda, las amarró muy bien y saltó de la terraza. Aplicó todo lo que había aprendido: planeó como la gaviota, aceleró como la golondrina y aterrizó de nuevo en su prisión como el pelícano; feliz de que su invento funcionara, se fue a dormir muy seguro de poder escapar. Como ya sabía la técnica de construirlas, no demoró mucho tiempo elaborando las de su hijo.

Unos días antes de partir, Dédalo instruyó a Ícaro sobre el plan de fuga:

—Hijo, escúchame con mucho cuidado. Mañana vamos a marcharnos de Creta.

—¿Cómo es posible —preguntó Ícaro— si los centinelas y soldados del rey vigilan la costa día y noche?

—Nos iremos volando como las aves —respondió Dédalo— pero antes de partir quiero que me escuches con mucha atención. Tienes que seguirme todo el tiempo. No te distraigas mirando hacia nada que no sea tu guía. No te salgas del camino y, por favor, no te acerques al Sol, porque se te derretirá la cera con la que están pegadas las alas y te caerías al mar. Tampoco puedes volar muy bajo, porque se te pueden mojar las plumas y también te caerías. Ve siempre a una distancia prudente entre el mar y el Sol.

Al cabo de unos días de ensayar con su hijo Ícaro cómo se ponían las alas, cómo se planeaba, cómo se ganaba altura y cómo se aterrizaba, Dédalo decidió partir.

Al principio todo iba como Dédalo lo había calculado: él, adelante, y su hijo atrás. Constantemente Dédalo miraba hacía atrás para ver que su hijo no hiciera nada indebido y que guardara la distancia prudente entre el Sol y el mar. Por su lado, Ícaro iba feliz, volando como lo hacían las aves que tanto admiraba desde lo alto de la torre, en donde unos momentos antes estaban prisioneros.

Después de algunas horas de planear, pasaron por islas desconocidas, desde donde sus habitantes se quedaban mirando perplejos a las extrañas y gigantescas aves voladoras.

Dédalo sentía que el corazón le palpitaba con gran emoción y daba gracias a los dioses que le habían dado ingenio para construir estas alas y poder escaparse de una isla que era casi una cárcel. Por su parte, Ícaro se sentía más libre que nunca; se sentía dueño del aire y quería volar más alto, mucho más alto, y olvidándose de las instrucciones de su padre comenzó a volar como había visto volar al pelícano, a la golondrina y a la gaviota y pensó que él también podía hacerlo.

Al principio hacía unas maniobras que no eran peligrosas, pero con la emoción empezó a subir, a subir y a subir, y se sintió poderoso y muy feliz y bajaba y volvía a subir cada vez más alto. Hasta que llegó tan cerca del Sol, que la cera que pegaba las plumas a la estructura de sus alas empezó a derretirse muy lentamente, pero él no se daba cuenta, y por el contrario insistía en volar más y más alto. De pronto, una por una, las plumas fueron despegándose y las alas deshaciéndose. Ícaro trató por todos los medios de seguir volando, pero el aleteo de sus brazos no era suficiente y como el pelícano cuando se deja caer en picada para capturar al pez, Ícaro cayó al mar y murió en un instante.

Dédalo, que no había podido hacer nada, vio desde arriba con profunda tristeza el lugar donde cayó el cuerpo de su hijo. Bajó a recogerlo y lo enterró en la isla que hoy lleva su nombre: Icaria.

Heracles niño ahogando una serpiente. Escultura antigua. Museo Capitolino.

LOS DOCE TRABAJOS DE HERACLES

Heracles, hijo de Zeus y de Alcmena, tenía muchísimas virtudes y otros tantos defectos. A la edad de ocho meses estranguló a las dos serpientes que Hera, celosa por la relación de Zeus con Alcmena, había introducido en la habitación que el pequeño compartía con su hermano Íficles. Tuvo muchos maestros y se convirtió en un adolescente muy fuerte y seguro de sí mismo. A los dieciocho años, y después de cincuenta días de persecución, luchó y dio muerte a un león que atacaba el rebaño que Anfitrión le había confiado.

De vuelta a Tebas, su ciudad natal, se encontró con los enviados de Ergino, rey de Orcómeno, que venían a Tebas a cobrar el tributo anual. Heracles montó en cólera y los envió con las orejas mutiladas a donde su rey Ergino. Éste de inmediato atacó a la ciudad de Tebas, pero fue vencido por Heracles con las armas que había recibido de Atenea, y, como resultado de su victoria, impuso un tributo cuya cuantía fue el doble de la que hasta entonces estaban pagando los tebanos. En agradecimiento, Creonte, rey de Tebas, le ofreció por esposa a su hija Mégara.

Mientras Heracles estaba en Argos, Lico llegado de Eubea da muerte a Creonte y ocupa el trono de Tebas. Heracles volvió de improviso y mató a Lico, pero en el transcurso de los festejos que se llevaron a cabo para celebrar su victoria, Hera lo volvió loco y, en ese estado de enajenación, mató a sus tres hijos, confundiéndolos con los de su primo Euristeo. Después de haber cometido este crimen, Heracles fue a Delfos en busca de consejo sobre cómo debía expiar su delito. Allí se le ordenó ir a Tirinto y servir a Euristeo durante doce años; si realizaba con éxito los trabajos que le impusiera su primo, como premio obtendría la inmortalidad. Antes de partir hacia Tirinto, los dioses lo equiparon convenientemente: Atenea le regaló una túnica; Efesto, una armadura; Hermes, una espada; Poseidón, los caballos para su carro; Apolo, el arco y las flechas envenenadas.

1. El león de Nemea

El león de Nemea, hijo de los monstruos Ortro y Equidna, era una fiera temible y su piel resultaba invulnerable a las flechas y a toda clase de armas. Heracles intentó matarlo con su clava pero sólo consiguió hacerlo huir hacia su cueva hasta donde lo persiguió y lo estranguló con sus manos. Luego, utilizando las garras del animal, le arrancó la piel y se la echó sobre sus hombros para que, en adelante, le sirviera de vestido. Se dice que el león se convirtió en la constelación Leo.

2. La hidra de Lerna

Era una enorme serpiente de numerosas cabezas, capaces de reproducirse un instante después de ser cortadas. Cuando Heracles se dio cuenta de este fenómeno, pidió a su sobrino Yolao que impidiera esa reproducción quemando con una antorcha las heridas del animal. Como la hidra tenía una cabeza inmortal, Heracles la cortó y enterró bajo una roca y después abrió el cuerpo del monstruo y con la sangre envenenó sus flechas. Euristeo no quiso considerar esta hazaña como un trabajo, con el pretexto de que Heracles había contado con la ayuda de Yolao.

3. EL JABALÍ DE ERIMANTO

Encargado de traer vivo a un enorme jabalí que devastaba la región de Erimanto, Heracles lo persiguió durante horas llevándolo hasta una zona cubierta de nieve. Cuando el jabalí quedó extenuado y sin fuerzas, lo inmovilizó atándolo con cadenas. Se lo echó al hombro y se lo llevó a Euristeo, como él lo ordenó.

4. LA CIERVA DE CERINIA

Euristeo ordenó a Heracles que le llevara viva, sin causarle daño pues se cometería sacrilegio, a la cierva, extraño animal con pezuñas de bronce y cuernos de oro, para lo cual Heracles la persiguió de día y de noche hasta cuando la cierva se detuvo a beber en el río Ladón, momento que aprovechó Heracles para inmovilizarle las patas delanteras con una flecha que pasó entre el tendón y el hueso sin derramamiento de sangre. La echó sobre sus hombros y se la llevó a Euristeo.

5. LAS AVES DEL LAGO ESTÍNFALO

Con la ayuda de unas castañuelas de bronce, fabricadas por Hefesto, Heracles libró a la Arcadia de unos pájaros con pico, garras y plumas de acero, que atacaban a las gentes del lugar y devastaban las cosechas y graneros. Unas murieron a manos de Heracles, otras huyeron hacia el mar Negro.

6. LOS ESTABLOS DE AUGÍAS

Euristeo ordenó a Heracles que limpiara los establos de Augías en un solo día. Estos establos jamás habían sido limpiados y todas las tierras vecinas estaban recubiertas por una gruesa capa de estiércol que hacía imposible el cultivo de los campos. Heracles, aunque iba como esclavo del rey Augías, negoció un salario (la décima parte de sus rebaños). Abrió dos huecos en los muros de los establos, desvió el río Alfeo e hizo que sus aguas entraran por el establo, llevándose todo el estiércol. Cuando Heracles terminó su trabajo y las cuadras quedaron limpias y los muros reparados, Augías se negó a pagar. En cuanto a Euristeo, no quiso considerar esta prueba como un trabajo porque Heracles la había realizado para ganar una recompensa.

7. EL TORO DE CRETA

Heracles capturó vivo al animal que Minos se negó a sacrificar para Poseidón y por el cual Pasifae concibió una ardiente pasión, fruto de la cual nació el Minotauro. Lo condujo vivo a

Heracles arrojando al mar a Licas.
Galería Nacional de Roma.

Tirinto y Euristeo quiso consagrarlo a Hera, pero ésta no lo aceptó, por lo cual lo dejó suelto. El animal llegó a Maratón y mató a Androgeo (hijo de Minos y rey de Paros), antes de caer bajo los golpes de Teseo.

8. Las yeguas de Diomedes

Heracles se apoderó de las cuatro yeguas del rey Diomedes y que se nutrían de carne humana. Diomedes era rey de los bistones. Cuando se dio cuenta del robo mandó sus tropas contra el ladrón. Heracles hizo huir a los bistones, capturó a su rey y se lo ofreció como alimento a las yeguas (lo que las volvió dóciles). Como su amigo y compañero Abdero había sido devorado por las yeguas, Heracles fundó en su memoria la ciudad de Abdera. Las yeguas fueron consagradas a Hera por Euristeo.

9. El cinturón de Hipólita

Para satisfacer el deseo de su hija, que quería un regalo extraordinario, Euristeo envió a Heracles en busca del cinturón de Hipólita, la reina de las Amazonas. Curiosamente, y aunque el cinturón era un regalo que Ares le había hecho y que simbolizaba su poder, Hipólita le dio sin ninguna dificultad su cinturón a Heracles. Hera, furiosa de que Heracles hubiera resuelto la prueba de una manera tan fácil, tomó la apariencia de una de las amazonas y las sublevó contra Heracles. Al verse atacado, Heracles creyó que Hipólita lo había traicionado y la mató.

10. Los bueyes de Geríones

La isla de Eriteya estaba situada en el extremo occidental, más allá del río Océano, y allí envió Euristeo a Heracles con la misión de robar los bueyes de Geríones, un monstruo de tres cabezas dueño del ganado que pastaba en esa isla.

Heracles amenazó a Helio blandiendo su arco, si no le prestaba su carro de oro, en el cual se trasladaba todas las noches del occidente al oriente. Heracles atravesó con el carro el Océano y pasó por el estrecho de Gibraltar (allí levantó las famosas columnas de Hércules); una vez en Eriteya embarcó los bueyes. Tras otras muchísimas dificultades consiguió llegar a buen puerto. Euristeo, entusiasmado por volverle a ver después de tan larga ausencia, mandó sacrificar los animales en honor a Hera.

11. El viaje a los infiernos

Euristeo encargó a Heracles capturar a Cerbero, perro monstruoso, hijo de Tifón y de Equidna y, por tanto, hermano de la hidra de Lerna, del perro Ortro y del león de Nemea. Tenía tres cabezas y una serpiente por cola, y era el guardián de la puerta del reino de los muertos. El héroe logró salir victorioso porque Hades le autorizó capturar al monstruo con la condición de que usara sólo sus manos. Heracles se enfrentó con el perro y después de una prolongada lucha lo dominó y lo llevó a Euristeo. Cumplida la misión lo devolvió a los Infiernos.

12. Las manzanas de oro del jardín de las Hespérides

Heracles recibió la orden de apoderarse de las manzanas de oro que la diosa Gea había dado a Hera, como regalo de bodas, y que estaban guardadas por las tres ninfas del Ocaso, llamadas Hespérides. Para saber dónde se encontraba el famoso jardín, primero tuvo que arrancarle esta información a Nereo. Después de muchas aventuras, mató al buitre que devoraba las entrañas de Prometeo y sustituyó a Atlas sosteniendo la bóveda celeste, mientras este último recogía las manzanas. Una vez presentadas a Euristeo, las manzanas fueron devueltas a Hera, quien las restituyó a las Hespérides.

Perseo y el caballo Pegaso.

LA LEYENDA DE PEGASO

Pegaso es un caballo alado nacido de la tierra fecundada por la sangre de Medusa al ser decapitada por Perseo.

El papel más importante de Pegaso es en la leyenda de Belerofonte. Éste, con la ayuda de Atenea, quien le entregó en sueños una brida mágica, consiguió montar a Pegaso cuando éste bebía en la fuente Pirene. Gracias a Pegaso Belerofonte pudo matar a la Quimera y lograr por sí solo la victoria sobre las Amazonas. Ensoberbecido por estas y otras hazañas, Belerofonte quiso remontarse cabalgando en Pegaso hasta el Olimpo, pero Zeus envió un tábano que picó al caballo bajo la cola, encabritándolo y haciéndole arrojar al jinete. Pegaso continuó solo su vuelo y se puso al servicio del padre de los dioses, llevándole el rayo.

Tiempo después, se dio el concurso de canto que enfrentó a las Musas con las hijas de Piero. El monte Helicón estaba muy complacido por la belleza de las voces, por lo que empezó a crecer amenazando con llegar al cielo.

Al ver el peligro, Poseidón le ordenó a Pegaso que fuera y golpeara a la montaña con uno de sus cascos para que volviera a su tamaño normal, a lo que la montaña obedeció dócilmente. En el lugar donde Pegaso la había golpeado brotó la fuente Hipocrene, o Fuente del Caballo.

Por último, Zeus lo convirtió en constelación, para que fuera eterno. Cuando esto sucedió, una pluma de sus alas cayó cerca de Tarso, y así la ciudad adoptó su nombre.

Belerofonte abrevando al Pegaso.
Bajo relieve de la época alejandrina. Palacio Spada.

Jasón.
Estatua antigua.
Museo de Louvre.

LOS ARGONAUTAS

Se conoce con el nombre de argonautas a los héroes que, junto a Jasón, marcharon a la conquista del vellocino de oro en la nave Argo. Pelias, rey ilegítimo de Yolco, prometió a Jasón restituirle el reino de su padre, Esón, si le traía el vellocino de oro. Este vellocino era de la lana del carnero en cuyo lomo escapó volando Frixo del maltrato al que quería someterlo su madrastra, Ino; el vellocino estaba colgado de una encina en el bosque de Ares y custodiado por un dragón monstruoso que nunca dormía.

Hera, para ayudar a Jasón, despertó en un grupo de jóvenes valerosos y dotados de poderes sobrenaturales el deseo de unirse a la expedición a la Cólquide. Entre ellos se encontraban Orfeo, Zetes y Calais, Peleo, Telamón, Cástor, Pólux, Idas, Linceo, Tifis, Argo (constructor de la nave), Admete, Augías, Periclímeno y Acasto.

Después de innumerables aventuras, los argonautas llegaron a Eea, donde vivía la maga Medea, hija del rey Eetes. Medea se enamoró de Jasón y, valiéndose de su magia, lo ayudó a salir triunfante de todas las pruebas que le imponía Eetes, antes de autorizarlo a que se llevara el vellocino de oro.

Los argonautas se hicieron de nuevo a la mar, perseguidos por las naves de Eetes; mientras navegaban por el mar Negro, Medea mató a su hermano Apsirto, cortó su cuerpo en pedazos y los fue echando uno a uno al mar para retrasar la persecución de su padre, que fue deteniéndose, recogiendo todos los pedazos para dar la adecuada sepultura al cuerpo de su hijo.

Después de este acto impío, se escuchó la voz de Zeus, que exigía que Jasón y Medea fueran a purificar su crimen con Circe, la tía de Medea, en la isla de Eea. Una vez realizada la purificación, los argonautas pudieron, de nuevo, poner rumbo a Grecia. Al cabo de nuevas aventuras, llegaron por fin a Yolco, y Jasón entregó a Pelias el vellocino de oro.

Hera descendiendo del Olimpo.
Escultura antigua.
Quinta Albani.

Apolo pulsando la lira.
Estatua antigua.
Museo de Roma.

EL MITO DE FAETÓN

Muchas veces los dioses se enamoraban de las ninfas de los bosques o de las nereidas del mar o de las mujeres mortales.

Apolo, el dios de la música, de la poesía y de la luz, se unió con la ninfa Clímene y fueron padres de un hermoso niño: Faetón. Faetón creció cada día más bello y cada día más orgulloso de que su padre fuera por el mundo distribuyendo luz y calor.

Un día, en una disputa con su amigo Epafo, el hijo de Zeus e Ío, se quedó asombrado cuando oyó decir que Apolo no era su padre.

—Apolo no es tu padre, Faetón —le dijo Epafo.

Faetón, adolorido y avergonzado, corrió a ver a su madre y le contó el insulto que había recibido.

–Han dudado de tu honor, madre, y esto es lo que más me duele. Dime quién es mi padre.

–Apolo, hijo mío, Apolo es tu padre. Si no me crees, ve a preguntárselo.

–¿Qué deseas, Faetón? –dijo Apolo cuando lo vio.

–Deseo saber si eres mi padre. Un amigo mío dice que no lo eres, pero mi madre dice que sí.

–Tu madre tiene razón, soy tu padre.

–Pues dame una prueba.

–Todo lo que quieras, hijo. Por la laguna de Estigia, que es por lo que juramos los dioses, te prometo concederte el don que me pidas.

–Gracias, padre. Pues déjame conducir tu carro dorado un solo día.

–¡Ay, hijo! Eso es muy peligroso. Eres demasiado joven, sólo yo puedo dominar el brío y el ímpetu de mis caballos. El camino,

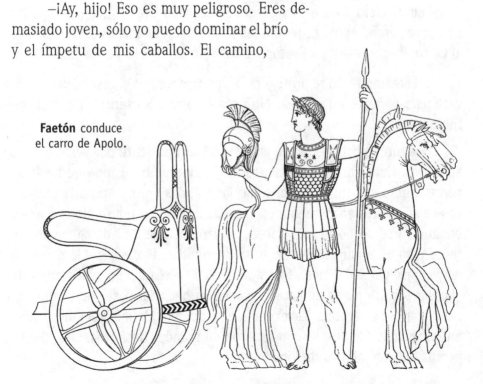

Faetón conduce el carro de Apolo.

además, está lleno de monstruos que te harán daño: un león, un escorpión, un toro... No, no, hijo.

—Nada me asusta, padre; soy tu hijo. Y acuérdate que me prometiste concederme lo que te pidiera.

—Lo sé; y cumpliré mi palabra. Pero podrías pedir otra cosa...

—No, padre. Mi ilusión es conducir tu carro.

—Está bien, pero recuerda: No bajes demasiado porque quemarías la tierra. Ni te alejes demasiado porque se helarían los frutos con que se mantienen los hombres. Ni te acerques a la región de los dioses para que no quemes su morada. Conserva un término medio entre cielo y tierra.

Entonces el atribulado padre condujo a su hijo al carro de oro.

—Es un regalo de Hefesto, hijo.

—¿Lo construyó en su fragua? No he visto nada más hermoso, padre.

En el cielo sólo había quedado rezagado un lucero; las estrellas desaparecieron. Apolo ordenó a las Horas que enganchasen los caballos al carro, y volviéndose a Faetón, le pasó un ungüento por la cara.

—Este ungüento te protegerá; así podrás resistir el resplandor. Acércate para ponerte mi corona. No uses el látigo. Sostén las riendas con fuerza.

Faetón no cabía en sí de gozo. Estaba impaciente por verse por los aires repartiendo luz y calor entre los hombres, lo mismo que hacía su padre. Subió por fin al carro, tomó las riendas y emprendió la carrera. Los caballos se dieron cuenta en seguida de que no era Apolo el que los conducía y se desbocaron: bajaban, subían, iban de un lado a otro. Impotente para dominarlos, Faetón soltó las riendas. El carro subió demasiado y abrasó parte del cielo, formando la Vía Láctea, luego, bajó tanto que al pasar por Etiopía se ennegrecieron los etíopes; las cosechas se quemaban, los ríos se secaban, la vegetación se quemó; algunas regiones, hasta entonces muy fértiles, se convirtieron en grandes desiertos. Gea, desesperada, suplicó al dios de los dioses:

–Padre Zeus, protégenos. Mira los fuegos que acabarán conmigo. Tus árboles, hechos tizones; tus ríos, sin gota de agua. El universo se abrasará y todo por Faetón, que tiene mucha ambición y ninguna experiencia.

–Razón tenía mi padre. He sido un tonto, un desobediente, un ambicioso. Arrepentido muero, padre –decía Faetón.

Zeus, para remediar estos desastres, fulminó con un rayo al insensato Faetón, haciendo que cayera como una estrella de oro al río Erídano hoy conocido como el río Po.

Las Helíades lloraron a su hermano Faetón a la orilla del río, y sus lágrimas se transformaban en gotas de ámbar. De allí no se despegaron hasta que fueron convertidas en álamos, que aún parecen dolerse de la muerte de Faetón.

Cuando Cicno supo que había muerto su querido amigo Faetón, tan arrebatado e insensato, le lloró mucho. Y tanto lloró que algún dios, apiadado, le convirtió en cisne... en un cisne que pasea su belleza por las aguas pero que lleva mucha tristeza en el corazón.

Jarrones funerarios.

Zeus y Tetis.
Cuadro de Ingres.
Museo de Aix.

EL FINAL DEL REINADO
DE LOS DIOSES DEL OLIMPO

Juliano de Constantinopla, el último emperador romano que adoró a los dioses del Olimpo, murió luchando contra los persas en el año 363 después de Cristo. Las tres Parcas, entonces, informaron a Zeus que su reinado finalizaba y que él y sus amigos debían abandonar el Olimpo.

Furioso, Zeus destruyó el palacio con un rayo y se fueron todos a vivir entre la gente humilde del campo, esperando tiempos mejores. Los misioneros cristianos, no obstante, los persiguieron con la señal de la cruz y transformaron sus templos en iglesias, que repartieron entre los santos más importantes. Y así los mortales pudieron volver a contar el tiempo por semanas, como les había enseñado el titán Prometeo. Los dioses del Olimpo se vieron obligados a esconderse en bosques y cuevas, y nadie les ha visto desde hace siglos.

Sin embargo, Eco sigue existiendo, igual que la flor del narciso, que inclina su cabeza con tristeza y mira su reflejo en los estanques de montaña, y también existe el arco iris, de Iris. Los cristianos, además, no pusieron nombres nuevos a las estrellas. Por la noche, en el cielo, todavía podemos ver al Escorpión que pisó Heracles; al propio Heracles; al león de Nemea que el héroe mató; a la Osa de Artemisa que amamantó a Atalanta; al águila de Zeus; a Perseo y a Andrómeda, y a los padres de ésta: Cefeo y Casiopea; la corona de Ariadna; los Gemelos Celestiales; Quirón el Centauro, conocido hoy como El Arquero; el carnero de Frixo; el toro que raptó a Europa; el caballo alado Pegaso; el cisne de Leda; la lira de Orfeo; la popa del Argos; el cazador Orión, con su cinturón y su espada, y muchos otros recuerdos del antiguo y salvaje reino de los dioses del Olimpo.

El Parnaso. Monte de Grecia consagrado a Apolo.

MITOS Y LEYENDAS DE ROMA

Según los romanos, los gigantes dejaron que Cronos escapara y buscara refugio en una pequeña comarca italiana, en las riberas del Tíber. Era el territorio llamado más tarde Lacio, poblado por hombres primitivos y salvajes, los aborígenes. Allí se estableció Cronos, con el nombre de Saturno, mientras Rea, ahora llamada Ops, su esposa, se quedaba en las regiones celestes.

Después de aquellos míticos tiempos, su hijo Júpiter ejerció durante una serie innumerable de siglos una soberanía plena sobre todos los dioses y hom-

**Mercurio transporta
a Pandora a la Tierra.**
Cuadro de Juan Planella.

bres. Desde las alturas del azul cielo de Italia enviaba él la lluvia y la tormenta, el trueno y el relámpago. Pasaba como propiedad suya todo lugar al que hubieran herido sus rayos. Lo rodeaba al punto con un muro circular, parecido al brocal de un pozo, y el lugar era consagrado mediante un sacrificio. Los hombres temían y veneraban al omnipotente Júpiter, pues él era quien enviaba la victoria y la derrota. Como Júpiter *Stator*, impedía la fuga, y como Júpiter *Victor*, enviaba a los combatientes el triunfo supremo.

**Júpiter blande un rayo,
con un águila en la otra mano.**
Ánfora de Nola. Museo de Louvre.

Interior del Panteón.

EL TEMPLO DE JÚPITER

En la cumbre de la colina del Capitolio se alzaba el santuario dedicado a Júpiter Óptimo Máximo, protector de la Alianza latina y más tarde del Estado romano. Cuenta la leyenda que durante la construcción del templo, en tiempos del último rey de Roma, ocurrieron raros prodigios.

Los dioses de los sabinos, Término y Juventas, habían tenido allí sus santuarios, y se negaron a desalojar el lugar cuando Júpiter llegaba procesionalmente a él. Se cuenta, también, que al excavar los cimientos se encontró una cabeza con rasgos indelebles. Fueron consultados los sacerdotes, y éstos declararon que Roma sería siempre la capital del Mundo.

Tras la erección del magnífico templo, allí se dirigían los cortejos triunfales de los generales victoriosos. El caudillo que había ganado las batallas, iba, como imagen de la divinidad, en una carroza dorada que arrastraban cuatro corceles de nívea blancura. Llevaba en la mano el cetro de marfil, rematado por el águila de Júpiter; ceñía sus sienes, como corona triunfal, una guirnalda de hojas de roble trabajada en oro y pedrería. Una vez en el templo, el general, en acción de gracias, depositaba su laurel en el regazo de Júpiter.

Juno, esposa de Júpiter, protegía la fidelidad conyugal. Las madres y los hijos estaban colocados bajo su especial protección. En honor de la reina de los cielos se sacrificaban vacas, y en sus santuarios vivían los gansos sagrados. Sólo las vírgenes y las mujeres de vida irreprochable podían aproximarse al altar de la diosa.

Eolo y Juno.

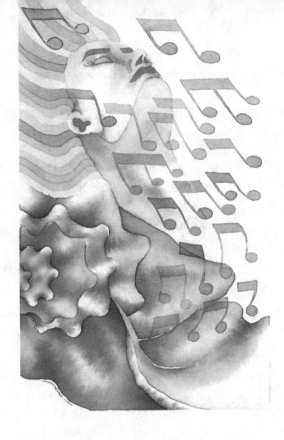

En honor de la diosa Vesta y de sus hijos, los sacerdotes entonaban una antiquísima canción...

LA DIOSA VESTA

En el reino de los dioses había otra deidad que amparaba a la familia. Era Vesta, cuyo fuego ardía en el interior de las casas, a las que también protegían los Penates y los Lares. Como espíritus buenos y amigos de la comunidad y de las ciudades, extendían su manto protector sobre las provisiones, de las que depende el bienestar de la familia, sobre los campos y sobre los sembrados. Aca Larencia era la madre de los Lares; Rómulo y Remo fueron sus hijos adoptivos. Según la leyenda, ella había tenido doce hijos, y al morir uno de ellos, lo sustituyó por los dos gemelos. En honor de ella y de sus hijos, los sacerdotes entonaban una antiquísima canción cuando, después de haber bendecido los frutos del campo, danzaban ante el templo de Aca Larencia.

Los dioses Penates vivían en el santuario de Vesta; el fuego perpetuo ardía en un templo de esa diosa, que representaba el hogar del Estado y la despensa sagrada, donde se guardaban las ofrendas: agua salada, hervida en una olla de barro, y la sagrada harina de trigo tostada y amasa-da con sal (*mola salsa*).

Las sacerdotisas, las llamadas vestales, tenían que renunciar al amor y al matrimonio. Semejantes a la casta diosa, a cuyo servicio estaban consagradas, venían obligadas a llevar una vida sin mancha. Ningún hombre podía entrar en sus celdas. Una muerte cruel esperaba a la doncella que hubiera quebrantado el voto de castidad o que por negligencia culpable hubiera dejado apagar el inextinguible fuego sagrado. Pero si alguna vez una sacerdotisa era injustamente acusada de haber quebrado sus votos, la propia diosa intervenía en su defensa. Tal fue el caso de la vestal Amilia. Después de haber encargado a una novicia la guardia ante el santo hogar, Amilia, abrumada por el cansancio, cayó en un sueño profundo. Al entrar en el templo, el Sumo Sacerdote se encontró con que el fuego sagrado se había extinguido. Presa de desesperación, la vestal invocó en su auxilio a la diosa: cortó un trozo de tela de su propia vestidura y lo arrojó a las ya frías cenizas del hogar santo. Ocurrió el milagro: volvió a surgir la llama, la vestal estaba salvada.

Vestales llenan sus cántaros.
Fuente en Roma.

Vulcano presenta a Venus las armas que le ha pedido para Eneas. Cuadro de Boucher.

EL DIOS VULCANO

En el fuego feroz y salvaje de la Naturaleza se revelaba el poder de Vulcano, que era el dios de los montes que vomitan llamas y de los vapores que abrasan, la deidad potente que tenía sus fraguas y talleres en el Etna. Sus ennegrecidos compañeros fabricaban aquí las armas más poderosas e invencibles. Tenía en su mano la bendición y el aniquilamiento; los hombres le rendían alabanzas y procuraban hacérselo propicio. Veían en él al protector, que preservaba sus casas y sus rebaños del gran azote del fuego. Cuando del interior de la Tierra surgían las llamas que amenazaban con la muerte y la desolación, los romanos dirigían sus plegarias a Vulcano. Una vez al año, los padres de familia quemaban en el hogar del dios pececillos del Tíber.

Marte y Minerva.

MARTE, EL DIOS DE LA GUERRA

Había otro dios todavía más temible que el del Fuego: era Marte, la deidad de la guerra. En tiempos difíciles, cuando los hombres caían como
segados por guadañas, los supervivientes le prometían una sagrada primavera. Todos los seres que nacían en esta estación del año eran propiedad del dios: los animales le eran sacrificados, y los niños, una vez llegados
a la mayoría de edad, eran enviados allende la frontera, a fin de que con
la espada conquistaran una nueva patria. Así, Marte era también la deidad del crecimiento, el protector de los rebaños y de la campiña; se le
tenía incluso por el dios del Vaticinio. Su más sagrado animal era el lobo,
símbolo de Roma y su profeta, el pájaro carpintero. El mes de marzo, el
primero del año según el calendario de entonces, estaba dedicado al dios
de la Primavera.

Cuando Marte corría enfurecido, paseando la tea de la guerra por
el país cuyo crecimiento había él bendecido, se situaba a su lado, para
ayudarle, una diosa llamada Belona. Tenía su templo junto al altar del

dios en el Campo de Marte, es decir, en el lugar donde la juventud romana demostrara, en sus juegos, el vigor de sus cuerpos.

Cuando, acabado el invierno, despertaba de nuevo la Naturaleza, le ayudaba Ana Perena, la diosa de la Primavera. Ocurrió un día que Marte se enamoró de Minerva; mas no sintiéndose con fuerzas para revelar su pasión a diosa tan severa, acudió a Ana Perena para que sirviera de mediadora. A la alegre vieja se le ocurrió gastar una broma al dios. En nombre de Minerva dio una cita a Marte, y acudió ella misma al encuentro del enamorado cubriendo su cara y su cuerpo con un velo de novia. Se apresuró Marte a levantar aquel velo, a fin de contemplar la bella faz de Minerva; pero en su lugar encontró los pícaros ojos de la viejecita, que sonreía socarronamente. Pero aún más se rieron los otros dioses y diosas, sobre todo Venus, al ver cómo Marte se marchaba avergonzado y colérico. Pero Minerva, la belicosa hija de Júpiter, se complacía en lanzar desde las nubes relámpagos terribles, como sólo la mano de Júpiter sabía disparar. Era ella la favorita del padre de todos, y su templo se levantaba en el Capitolio junto al de éste. Regalaba a los hombres con el don de la Sabiduría y de las Bellas Artes, protegía a los artesanos y bendecía a las mujeres y muchachas hacendosas. A los etruscos les dio la flauta, que ahora esparcía sus gratos sonidos por las campiñas y florestas.

Escena campestre.
Bajo relieve antiguo.

Venus, diosa del amor.
Cuadro de Ingres.
Museo de Chantilly.

DIOSES DE LA TIERRA

La Tierra necesitaba más deidades beneficiosas además de Marte, padre del crecimiento, y Febo, el mensajero de la Sabiduría. Venus, la diosa del Amor, guardaba las flores de la Primavera, a fin de que a su debido tiempo pudieran brotar y marchitarse. Como los hombres desparecen del mundo al igual que las flores marchitas, la diosa Venus protegía también a los muertos, cuyos féretros eran fabricados con madera extraída de su floresta sacra. Como esposa de Marte y madre del heroico Eneas, vino a ser ella el tronco femenino del pueblo romano.

A su lado, la amable Flora bendecía las flores y las plantas que dan alimento. En honor de esta diosa se celebraban fiestas ruidosas, en las que imperaban la alegría y el desenfreno.

Pese a los esfuerzos de Ceres, la maternal deidad de la Tierra que cuida que prosperen los trigales, no siempre es primavera en el mundo.

Las estaciones del año se turnan, y Vertumno, el que siempre cambia, toma en sus manos la hoz. Es el dios de las cosechas, y corteja a Pomona, la protectora de los árboles frutales y de los jardines. Valiéndose de la podadera, pone freno al excesivo crecimiento, injerta los vástagos nobles en los troncos silvestres, riega las raíces sedientas de las plantas y las cubre para protegerlas contra el frío y la escarcha invernales. Esto le hizo olvidarse de todo otro cuidado, incluso del amor. Cerró el acceso a sus jardines a los atrevidos dioses del bosque, uno de los cuales, el viejo Silvano, la cortejaba también. No le fue mejor en estos empeños a Vertumno. En vano adoptó este dios las más diversas formas, a fin de conquistar el desdeñoso corazón de Pomona. Se presentó sucesivamente como segador, arador, jardinero, vendimiador, guerrero bien pertrechado y pescador. Al fin se disfrazó de viejecita, de blanco cabello y abigarrada cofia, y apoyándose en un bastón se presentó ante el huerto de Pomona. La mujer alabó los frutales, y dio a la diosa un beso en señal de gratitud. Luego comenzó a charlar acerca de la felicidad del matrimonio, tomando pie de un olmo a cuyo tronco iba enroscándose una parra. Esto, no obstante, elogió el buen juicio de Pomona, porque al trato con los salvajes espíritus de los bosques había preferido la ventura del celibato. La verdad es que no hay más que un solo ser que merezca el amor de Pomona: el dios Vertumno, que siente por ella un afecto tierno y sincero.

—Vertumno —continuaba diciendo la viejecita— es de una talla esbelta, y ama los jardines y las obras todas que en la fecunda tierra realizan manos diligentes y expertas; pero el dios está muy afligido porque Pomona le niega su cariño.

La diosa escuchó sonriendo las palabras de la anciana, pero movió negativamente la cabeza, y he aquí que de súbito aparece Vertumno ante la diosa en su auténtica figura. Era de veras un apuesto galán, que resplandecía como el sol cuando sale de entre densos nubarrones y brilla sin oscurecimientos ni manchas. Un intenso rubor cubrió las mejillas de Pomona, cuando Vertumno le cogió la mano. Cesó en su resistencia, y se unió en matrimonio con el dios de las cambiantes estaciones.

Diana saliendo del baño.
Cuadro de Boucher. Museo de Louvre.

LA DIOSA DIANA

Diana, la diosa de la caza, se complacía en corretear por los bosques. Es, al mismo tiempo, la diosa de la Luna que ilumina a la Tierra durante la noche, cuando el Sol ha cruzado ya el firmamento con sus caballos. La plateada luz crepuscular era su vestido, y las sombras densas de los bosques, su santuario. Durante sus correrías, su imagen se reflejaba en el cristalino lago Nemi, que rellenaba un cráter circular, al que se llamó espejo de Diana.

Dioses de los ríos y de los mares

Entre los dioses de los ríos fue Tiberino el que alcanzó una categoría más alta. Vestido con traje de color azul marino y adornado con una corona de juncos, este dios vivía en las ondas de la corriente fluvial. Se representa como un viejo barbudo con el cuerno de la abundancia en sus manos y la loba y los gemelos cerca de él. Los hombres temían mucho a su cólera, y durante mucho tiempo no se atrevieron a tender entre ambas orillas más que un solo puente. En efecto, Tiberino se sentía prisionero por los puentes, y exigía siempre expiaciones. Los más ilustres constructores de puentes (los pontífices) se convirtieron con el tiempo en los sumos sacerdotes del Estado romano.

En los mares imperaban Neptuno y su esposa Salacia, la onda salada. Los caballos salvajes de su carroza levantaban el oleaje, del cual sólo podía resguardar Portuno el protector de los puertos.

Neptuno, dios del mar.

Dioses del mundo subterráneo

Por debajo de los dioses luminosos de los cielos, de las amables y alegres deidades de la Tierra y de las poderosas de las aguas, estaban los dioses del mundo subterráneo. Orco recogía su cosecha entre los hombres mismos. Abatía a los valientes y se llevaba a los cobardes que huían. Pausada y silenciosamente llamaba a las puertas de las más humildes chozas y de los más suntuosos palacios. Llevaba sus víctimas a Plutón, el soberano del reino de las tinieblas. En éste ejercía también su poder la madre de los Manes, llamada Manía. Imperaba sobre los muertos que allí, desprovistos de cuerpo, continuaban viviendo como espíritus inmortales, si durante su estancia en la Tierra se habían conducido bien y noblemente. En cambio, los otros que al tiempo de fallecer llevaban sobre su alma una culpa grave, vagaban por las casas sembrando el terror entre los vivos: eran los Lemures.

Así transcurría la vida humana, siempre a la vista de los dioses, y los celestes enviaban bendiciones o males a los mortales. En los dioses se encarnaban poderes eternos, que sólo podían ser propiciados mediante sacrificios y penitencias. Les estaban sometidos el Cielo, la Tierra y el Infierno, pero el destino de las personas estaba exclusivamente reservado a la Fortuna, la diosa de la suerte. Su carácter era tan voluble como el de un mortal. Cuando se sentía espléndida y vaciaba su cuerno de la abundancia, se aprovechaba Mercurio, el dios del comercio próspero y de la ganancia. Mas, ¡ay de los pobres seres humanos, cuando la Fortuna volvía sus espaldas y retiraba sus favores! Todo salía mal. Entonces todos acudían a los templos de la diosa a pedirle amparo y favor. Pero como la Fortuna amaba al pueblo romano, le permaneció fiel e hizo que el suelo italiano conociera una Edad de Oro, durante la cual los dioses andaban entre los hombres, y podían llegar a ser como aquéllos.

Saturno, divinidad agrícola.
Relieve del Templo Malatestiano,
Rímini, Italia.

JANO Y SATURNO
Y LAS CUATRO EDADES DEL MUNDO

Hay reinos en la Tierra que jamás mueren, aunque haya desaparecido su potencia externa, porque el espíritu que ellos produjeron sigue influyendo a través de los tiempos. Tal es el caso de Roma. Su cuna fue una pequeña comarca ribereña del Tíber inferior, que en los albores de Italia, cuando no había comenzado aún la dominación de Júpiter, no tenía nombre alguno. Las más antiguas tradiciones informan de que allí vivía un pueblo de costumbres rudas, sin noción de que pudiera existir una vida mejor y más elevada. Era gobernado por el rey Jano, cuyo origen nadie conocía. Aquella raza desconocía el arado, pero en cambio sabía manejar bien el arco; las espesas selvas les proporcionaban, aunque con grandes peligros para su vida, el rico botín de la caza. Malignos pantanos, que a manera de pólipos extendían sus blandos y horribles brazos, estaban dispuestos a atrapar a los extraviados caminantes, y en las cavernas de los montes unos monstruos horrorosos estaban acechando para caer sobre los hombres y asesinarlos. La tosca fortaleza del rey Jano se alzaba sobre el Janículo, situado en la orilla derecha del Tíber, no lejos de su desembocadura. Frente a él, al otro lado del río, se levantaban siete colinas, cubiertas de viejos encinares. Los salvajes habitantes sólo sabían que una de aquellas se llamaba el Palatino, y la otra, el Aventino.

Cierto día apareció remontando el Tíber, con hinchadas velas, una pequeña embarcación que echó anclas a la vista de la ciudadela del rey. Al pie del mástil había un hombre de hermosura deslumbrante, que con gestos invitaba a los temerosos indígenas a que subieran a bordo del navío; pero ellos sentían tal miedo ante las cosas extrañas que estaban contemplando, que de buena gana se hubieran retirado inmediatamente. Encerrados en un pequeño establo vieron a un toro y a una vaca, y no le costó poco al capitán convencer a aquellas gentes de que esos animales le obedecían sin resistencia y que en nada se parecían al bravo bisonte que buscaba su alimento en los claros de las selvas vírgenes. Admiraron también unos animales, cubiertos de blanca lana, que balaban, llevaban cuernos y se parecían a los machos cabríos, y se enteraron de que eran ovejas.

El río Tíber antes de la fundación de Roma.

Aprendieron también que con el pelo que cubría sus cuerpos se podía elaborar una materia mucho más flexible y apta para tapar las desnudeces del cuerpo que la piel de oso o de leopardo.

Estaban ya medio tranquilizados aquellos salvajes, y habían ya trabado amistad con el recién llegado, cuando, presas de horrible congoja, a poco estuvieron de arrojarse a las aguas del río: el extranjero había sacado del fondo del navío una cesta de la que salía un misterioso zumbido, confuso y sordo. Con gran sorpresa los indígenas se percataron de que se trataba de un recipiente de mimbres lleno de pequeñas abejas, con el cual podía tenerse la miel que se quisiera, tanta, que jamás llegará a agotarse en las casas el dulce jugo. En cambio, no pudieron comprender por el momento lo que pudieran significar aquellos granos que el extranjero hacía correr entre sus dedos y aquella raíz que él encomiaba como

el más precioso regalo de los cielos. Nada sabían, en efecto, de la harina, del pan y otras cosas semejantes, ni tenían la menor noticia del delicioso néctar llamado vino.

En el entretanto se acercó también el rey Jano. Un hombre de bellos bucles de oro le saludó con este breve discurso:

—Me llamo Saturno, y he venido para enseñarte a ti y a tu pueblo las artes de una vida superior. Al propio tiempo te pido hospitalidad y asilo, porque soy perseguido por un soberano muy poderoso.

Jano prometió ambas cosas, y Saturno se estableció en las tierras que riega el Tíber.

Bajo su guía los primitivos moradores de aquellos parajes se entregaron a las tareas de talar árboles, arrancar sus raíces, convertir los terrenos, libres ya de bosque, en campos de labor, y edificar casas. Aquel extranjero experto les enseñó también a manejar los aperos de labranza, a mejorar y ennoblecer los frutales silvestres, y poco a poco, en el curso de una larga serie de generaciones, los nuevos conocimientos dejaron sentir sus benditos resultados entre las gentes del país. Por doquier reinaban la paz y la armonía; la ley y el derecho se imponían sin violencia, no había criados ni amos, nadie envidiaba las riquezas y posesiones de los demás: había hecho su aparición la *Edad de Oro*, cantada por los poetas.

Por mucho tiempo gobernaron conjuntamente Jano y Saturno, aquel desde el Janículo, y éste desde la ciudad por él fundada, Saturnia.

Lleno de satisfacción y de legítimo orgullo por todo lo conseguido, Saturno dijo un día a Jano:

—Quiero dar un nombre a esta tierra. Se llamará Lacio, es decir, país que resguarda y oculta. Esto es lo que ha hecho conmigo, ya que me ha librado y resguardado de las iras de un dios enojado y poderoso. ¡Ojalá sea siempre cobijo de paz y de armonía, para dicha de los que lo pueblan!

Moviendo la cabeza con un gesto de duda, Jano respondió:

—No es eterna la paz. Ni aun este país podrá preservar a los hombres de las Furias de la guerra y la miseria.

Se pintó el espanto en la cara de Saturno al oír estas palabras. Pero su compañero de gobierno continuó así:

—Digo la verdad, porque yo soy el principio y el fin, y entre estos dos extremos se va desarrollando la vida, cuya ley permanente es el cambio.

Pese a este inquietante vaticinio, aquel pequeño territorio de Italia conservó el nombre de Lacio, que le dio Saturno.

Al convencerse Saturno de que todo era perecedero, mutable, incluso los dioses, la felicidad y la misma Edad de Oro, se retiró entristecido lejos de las miradas de los hombres. Éstos, a su vez, se enteraban ahora, por boca de su rey Jano, de que Saturno era el padre del supremo señor de los cielos, el cual lo había arrojado de su trono. Jano mandó construir un templo al desaparecido Saturno, y los moradores del Lacio le tributaron honores divinos. Unas fiestas muy solemnes, las Saturnales, recordaban a la Roma de tiempos posteriores el gran bienhechor que había traído a la Tierra la agricultura, el cultivo de los huertos y otros bienes. Cuando el año tocaba a su fin, circulaba con enorme bullicio por las calles de Roma la gran procesión saturnal de enmascarados; y al filo de medianoche los señores y los esclavos cambiaban sus respectivos papeles, en memoria de la edad venturosa en la que no se conocieron jerarquías ni clases sociales.

A poco de esto terminaba también la misión de Jano como monarca terrenal. Cómo ocurrió su desaparición, nadie supo explicarlo. Un día apareció vacío el palacio que ocupó en la colina. En adelante, fue también venerado como dios, como el más misterioso e insondable de todos los seres supraterrenos, al que sólo los itálicos conocieron. Antes que Saturno, tenía ya Jano un extraordinario poder, pues no en vano era el principio y la entrada.

Llegó un momento en que Saturno perdió su influencia, pero Jano, aun después de la caída de Júpiter, podía seguir ejerciéndola, porque al propio tiempo era la salida, el final. Por eso vigilaba todas las entradas, y se le dio el nombre de guardián de todas las puertas. De aquí surgió la costumbre de dar a su imagen dos semblantes, dos caras. Aún hoy se habla de Jano el Bicéfalo. Es el símbolo de todos los contrastes y contradicciones en la vida y en el acontecer universal. Todas las cosas, en efecto, tienen sus contrarios; el final se contrapone al comienzo; la noche, al día; la Luna, al Sol; el Infierno, al Cielo; la Guerra, a la Paz, y el Mal, al Bien. Por otra parte, los contrarios de las cosas y de los acontecimientos no hacen más que redondear a unas y a otros, contribuyendo a la plenitud del conjunto.

El Fauno y el Sátiro.
Escultura de
Enrique Moller.

La familia de Saturno

Durante sus andanzas por la Tierra, Saturno había contraído matrimonio con una mortal. Tuvieron un hijo llamado Pico. Era tan apuesto como el padre, un excelente domador de caballos, activo agricultor y cazador intrépido. También Jano tenía una hija, la cual poseía el don del canto, con el cual sabía hechizar a la Naturaleza entera, animada e inanimada. Cuando levantaba su voz, para escucharla se quedaban inmóviles y silenciosos hombres y animales, y las aguas cesaban en su murmullo. Esta doncella vino a ser la esposa de Pico. El Cielo bendijo este enlace dándole un niño y una niña: Fauno y Fauna.

El rey Pico gobernó en el Lacio durante mucho tiempo. Construyó en la desembocadura del Tíber un palacio soberbio, al que se dio el nombre de Laurento, por estar rodeado de laureles. En torno al regio alcázar se agrupó una ciudad, cuyos moradores se llamaron laurentinos. Mas he aquí que estando de caza, Pico se extravió y fue a parar a los dominios de una gran hechicera: Circe. Esta temible mujer se enamoró locamente de aquel hombre noble, y puso en juego todos los halagos y seducciones para lograr que el valiente cazador se quedara en aquellos parajes. Viendo que de nada valían los ruegos, acudió Circe a las amenazas. Hay que saber que uno de sus más terribles artificios consistía en convertir a los hombres en bestias. Muchos animales poblaban los bosques de la hechicera, y bajo la piel velluda de cada uno latía un corazón humano. Ahora se agrupaban todos en torno a la entrada de la cueva donde Circe vivía, y con bufidos y aullidos procuraron llamar la atención del infortunado cazador y prevenirle de alguna manera contra las redes que le tendía aquella mujer. Mas Pico sabía que por sus venas circulaba sangre divina, y pensaba que no era empresa fácil la de hacerla correr por el cuerpo de una fiera.

Sin embargo, Pico no conocía todo el poder de la hechicera. El amor desdeñado se tornó en cólera, y la poderosa Circe, volviéndose dos veces hacia Oriente y otras dos hacia Occidente, pronunció dos veces las fórmulas mágicas. El regio cazador sintió que un ardor tremendo le iba invadiendo todo el cuerpo, y perdió el sentido. Al volver en sí, notó que no podía dar un paso de la manera normal. Miró en torno suyo, pero habían desparecido la mujer y la cueva. Pico se encontraba solo en medio de un bosque denso y oscuro. De pronto, percibió el murmullo de una fuente cercana. De un brinco se colocó junto a ella, y al mirarse en el espejo de las aguas cristalinas descubrió que Circe había hecho de él un pájaro carpintero. Una indecible desesperación se apoderaba del infortunado Pico. A poco oyó una voz potente que le decía: "Lánzate a los cielos, Pico. Es Marte, el dios de la Guerra, el que te habla. Quiere que en adelante seas su pájaro sagrado". Pico obedeció, y elevándose por las regiones del éter, fue a posarse en el hombro del dios. De vez en cuando,

Marte, su amo, le autorizaba bajar a la Tierra, y entonces, tomando forma humana, podía recorrer los bosques del Lacio.

Fauno, hijo de Pico, ocupaba ahora el palacio a orillas del mar. Durante su gobierno fueron aumentando las señales de que la Edad de Oro iba tocando a su fin. En la colina del Aventino reaparecía el gigante Caco, al que nadie había vuelto a ver desde la llegada de Saturno. Ese degenerado hijo de Vulcano, el dios-herrero, infundía a los hombres, con su sola presencia, un pánico tan horrible, que caían al suelo como muertos, pues de su cuerpo contrahecho salían llamas abrasadoras, y por su boca, siempre llena de inmunda baba, exhalaba incesantemente deletéreos vapores de azufre. Caco cogía a sus desmayadas víctimas y se las llevaba a la cueva de una montaña, donde las devoraba. Fauno no pudo librar a su país de semejante plaga, porque el monstruo, después de haber cometido sus fechorías, cerraba con piedra y lodo la entrada de su escondite sin dejar ni un pequeño resquicio que pudiera descubrir su emplazamiento.

Un azar trajo el remedio. Hércules, el héroe semejante a un dios, de regreso del país de las Dos Columnas pasó por el valle del Tíber. Iba arreando los hermosos bueyes por cuya posesión había tenido que dar muerte a un gigante y a un perro de dos cabezas. Cansado del viaje, y un tanto mareado a causa de un buen trago del vino generoso y fuerte que los laurentinos sabían fabricar, se echó sobre la hierba y se quedó dormido. Husmeando carne humana, Caco se acercó al dormido caminante. Mas creyó prudente no molestarle, pues reconoció en Hércules al poderoso hijo de un dios. En cambio, pensó indemnizarse con los bien nutridos bueyes, dándose maña para borrar cuidadosamente las huellas de su robo. Agarrándolos por la cola, arrastró hacia su cueva uno tras otro a los bueyes, para que las pisadas dieran a entender que las bestias habían llevado una dirección contraria a la verdadera. Pero las reses, al quedar encerradas en lo más profundo de aquella siniestra cueva, comenzaron a bramar de modo tan espantoso, que el héroe despertó y, siguiendo el ruido, llegó al paraje en que se hallaba la cueva. Fácil era para Hércules lo que hasta el presente había resultado imposible para todos. Una tras otra fue quitando las piedras que obstruían la entrada a la cueva, penetró luego en ella, y con un solo golpe de maza mató al monstruo. Con un solemne banquete en honor de Júpiter festejó el héroe su victoria.

Comenzaba una edad nueva. Era la segunda, la de *Plata*. Con ella aparecía en el mundo la culpa. Las cosas ocurrieron así:

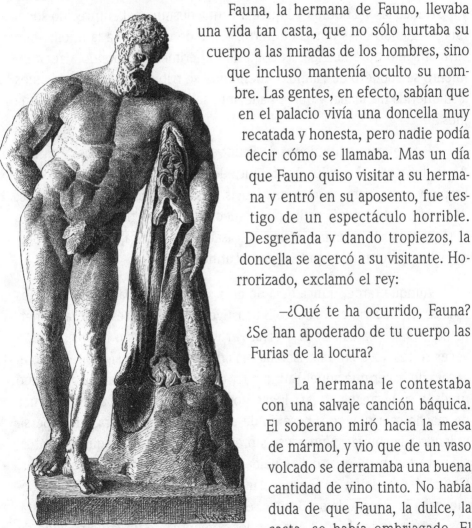

Hércules.
Estatua antigua.
Museo de Nápoles.

Fauna, la hermana de Fauno, llevaba una vida tan casta, que no sólo hurtaba su cuerpo a las miradas de los hombres, sino que incluso mantenía oculto su nombre. Las gentes, en efecto, sabían que en el palacio vivía una doncella muy recatada y honesta, pero nadie podía decir cómo se llamaba. Mas un día que Fauno quiso visitar a su hermana y entró en su aposento, fue testigo de un espectáculo horrible. Desgreñada y dando tropiezos, la doncella se acercó a su visitante. Horrorizado, exclamó el rey:

—¿Qué te ha ocurrido, Fauna? ¿Se han apoderado de tu cuerpo las Furias de la locura?

La hermana le contestaba con una salvaje canción báquica. El soberano miró hacia la mesa de mármol, y vio que de un vaso volcado se derramaba una buena cantidad de vino tinto. No había duda de que Fauna, la dulce, la casta, se había embriagado. El hermano apremiaba a preguntas a la desdichada:

—¿Quién te dio ese brebaje del pecado? Dime, Fauna, hermana desventurada, ¿quién es el que te ha manchado con la fealdad de la embriaguez? ¿Quién? ¡Dímelo!

La doncella no dijo ni una sola palabra.

Una cólera terrible se apoderó del rey. Se arrojó sobre la hermana y le arrancó las vestiduras. Al quedar Fauna desnuda, el enfurecido soberano, cogiendo unas ramas de mirto, azotó de tal modo a la infeliz, que cayó al suelo muerta. Apenas cometido el crimen, un hondo arrepentimiento se apoderó de Fauno. Ordenó que se tributaran honores divinos a su querida hermana, y que en adelante se le diera el título de la buena diosa.

Pero el arrepentimiento de Fauno no podía borrar su pecado ni el de su hermana. La culpa había entrado en el mundo, hasta entonces limpio y puro, para no retirarse jamás. Pasaron muchos años, muchos; decenios, siglos quizá, nadie podría decirlo. Mucho tiempo después de la muerte de su hermana, Fauno se casaba con Marica, la ninfa del bosque. Tuvieron un hijo, que se llamó Latino.

Aunque tarde, nunca deja de caer sobre los culpables la ira de los dioses. Así ocurrió con Fauno. En castigo por haber asesinado a su hermana, fue arrebatado de la Tierra. Pero el magno enojo de los dioses a veces se resuelve en una risotada maligna e irónica, y así Júpiter tuvo el antojo de hacer que aquel Fauno que, para honra de la castidad, asesinó un día a su hermana, vagara luego por los bosques, con patas y cuernos de macho cabrío, y que, poseído de una lujuria abrasadora, fuera persiguiendo a las ninfas. Nunca éstas prestaban oídos a sus requerimientos; siempre huían de él aquellas beldades de las fuentes y de los árboles. Con la desaparición de Fauno terminaba también la *Edad de Plata*. Comenzaba la tercera, la de *Bronce*, en la que, mediante sangrientas batallas, unos grandes héroes echaron los cimientos de un largo período de paz. El príncipe troyano Eneas fue elegido por el cielo para traer al Lacio estos tiempos de bronce.

Eneas llevando a Anquises.
Estatua de Lepautre.

EL MUNDO DE ENEAS

Al desaparecido Fauno sucedía en el gobierno del Lacio un hijo suyo:
Latino. En los comienzos todavía gozó de felicidad y de gloria. Por parte
de madre procedía del dios del Sol, Apolo. No es de extrañar, por tanto,
que el Sol derramase sobre el Lacio los haces de sus rayos más fecundos,
cuando en su carroza de oro, arrastrada por dos corceles blancos como la
leche, recorría la bóveda del firmamento. Era tan grande la popularidad
de aquel soberano que sus súbditos tenían a gala el llamarse latinos,
como su rey. En sus años maduros, este monarca se casó con Amata,
mujer tan altiva como ardientemente amada. El cielo no les concedió un
hijo varón, y así se extinguió en su línea masculina la familia de Saturno.
Heredaría el reino la hija única de aquel matrimonio: Lavinia.

La niña creció y se convirtió en una encantadora doncella, y la
reina Amata pensó en un pretendiente para ella. Por toda Italia había

circulado la noticia de que en el palacio de Laurento vivía una joven y hermosa princesa. Así, no pocos hijos de casas nobles pedían la mano de Lavinia.

Al sur del Lacio, en la ciudad de Ardea, vivía un joven que respondía al nombre de Turno. Era hijo del rey Dánao, y, por serlo, gobernaba en el territorio de los Rútulos. Pese a sus pocos años, se había extendido por doquier la fama de su valentía. La reina Amata lo prefería a todos los demás pretendientes. Turno ponía gran empeño en afirmar que descendía de Saturno; no hay testimonios acerca de la legitimidad de semejante pretensión, y acaso el final desastroso que tuvo fuera un castigo a su arrogancia. Éste, no obstante, y cualquiera que fuese la sangre que circulaba por sus venas, era noble, y nada se oponía a su matrimonio con Lavinia.

Un día apareció en Laurento una embajada del príncipe de los Rútulos, para recibir la respuesta definitiva de la hermosa doncella al requerimiento de su soberano. Lavinia convocó a los hombres más notables de su reino y los llevó ante el altar de palacio. Tomando en sus manos la corona del reino laurentino, se la colocó sobre sus sienes. Se disponía a dirigir la palabra a los presentes, cuando ocurrió un prodigio. Del fuego destinado a los sacrificios se levantó de repente una llamarada que prendió en los cabellos de Lavinia, la cual apareció rodeada de deslumbrantes llamas. Pero esta luz de los cabellos de la princesa era eclipsada por unos relámpagos mágicos que salían de la corona, y no sólo llenaban de fulgores supraterrenos todo el palacio, sino aun todo el país. No tardaron en acudir los adivinos encargados de explicar los oráculos, y declararon:

—El incendio de los cabellos da a entender que vendrá una guerra espantosa. De ella saldrá el aniquilamiento de una corona. Lavinia y su esposo fundarán un reino al que estará sometida toda la Tierra.

Lavinia dio un suspiro profundo, y en este momento se apagó el fuego. Aún creía la princesa que Turno estaba destinado a ejecutar junto a ella la voluntad de los dioses, cuando aparecieron, jadeantes, otros adivinos para dar cuenta de un nuevo acontecimiento:

—Se ha posado sobre el santo laurel del jardín un enjambre. Vemos a un héroe que, procedente de lejanas tierras, surca los mares en dirección a este país y desembarca en las costas del Lacio. Será el esposo de Lavinia, y con ella traerá a la existencia un reino que dominará sobre el Universo entero.

Entonces Latino anunció a los enviados del príncipe Rútulo que podían regresar a sus casas, para decir a su señor que los dioses se habían fijado en otro varón como futuro esposo de Lavinia. Fueron pasando los meses. Y un día acudieron corriendo de la playa unos pescadores para decir lo siguiente:

—Vienen por el mar unos barcos extraños. Sus remeros bogan con todas sus fuerzas, y un viento favorable hincha sus velas. Vinieron otros, y uno de ellos gritó: "¡Yo mismo he visto una nave con el tigre en la proa!". Y otros decían, no menos agitados: "A mí me ha espantado el Centauro, que lanza piedras desde el sitio más alto del navío; a mí, la cabeza de tres caras de la Quimera...; a mí, el rostro azulado y grotesco de Escila".

Latino se echó a reír:

—¡No teman, hijos míos! Esos que han visto no son monstruos reales; son sólo unas imágenes, unos símbolos de los nombres que llevan esas naves.

Un joven llegaba ahora a toda prisa, anunciando:

—Al frente de la escuadra viene una nave de cien remeros que lleva un león en la punta de su proa; que en su centro se levanta a guisa de torre una montaña, y sobre ella está el capitán con resplandeciente armadura.

Latino, levantándose de su trono, dijo:

–Famosa es en todos los mares esta nave. Todos conocen la embarcación cuya torre de mando tiene la forma del monte Ida. Se nos acerca, pues, Eneas, el héroe sin par que desde su nave, Monte Ida, viene conduciendo la flota.

Como inspirado por una vidente, dijo luego el rey:

–Veo cuatro edades en el mundo. Fue primero la de Oro, en la que imperaron la paz, la bondad y la pureza. Terminó con Saturno. Vino luego la de Plata, en la que a consecuencia de la caída de Fauno y de su hermana desapareció del mundo la pureza. Tenemos ante nosotros la Edad de Bronce, que ahuyentará la paz de la superficie de la Tierra. Para el Lacio comienza con la llegada a sus costas de la flota de Eneas. En un futuro muy lejano surgirá la Edad de Hierro. Encendida y atizada por el odio, la envidia y la ambición, e incesantemente incrementada por las llamas inextinguibles de la guerra, no dejará de brillar, con todo eso, gracias al Sol resplandeciente de la fama.

Eneas en el palacio de Dido.
Cuadro de Guerin. Museo de Louvre.

Rómulo y Remo, hijos de Marte, amamantados por una loba.

RÓMULO Y REMO:
FUNDACIÓN DE ROMA

Trescientos años de paz gozó el Lacio después de la era de los reyes Latino, Eneas, Julo y Silvio. La fundación de una nueva colonia en las márgenes del Tíber, por voluntad de Marte, dios de la guerra, señaló el comienzo de otra edad en el mundo.

La *Edad de Hierro* se inició con un crimen espantoso. Proca, rey de los albanos, había dejado dos hijos: Numitor y Amulio. Aquél, que era el primogénito, heredó la corona del padre, y éste, grandes territorios y ricas posesiones. Pero Amulio no estaba contento con su suerte. Ambicioso e inquieto, aspiraba a la soberanía. Para lograrla acudió a la perfidia y a la violencia. Valiéndose del dinero, se ganó no sólo la ayuda de un puñado de hombres animosos, sino también el favor del pueblo. Cuando los tiempos le parecieron maduros, Amulio destronó a su hermano, con una revolución palatina. Los albanos se acomodaron sin dificultad al nuevo estado de las cosas, aunque suponía una usurpación vergonzosa, porque Amulio siempre había sido un gobernante bondadoso para los habitantes de sus tierras.

El usurpador no se atrevió a dar muerte a su hermano Numitor, y se contentó con desterrarlo a un cortijo apartado y solitario, perdido en medio de un bosque, donde el destronado monarca llevó una vida pacífica y retraída. Aun así, Amulio no estaba tranquilo. Tenía miedo a la descendencia de su hermano, sobre todo a su hijo. Y un día, estando de caza, le quitó la vida del modo más alevoso al inocente joven.

No contento con haber cometido este horrible crimen, el ambicioso Amulio obligó a la hija de Numitor, su sobrina, quien en honor de su excelso abuelo Silvio había tomado el nombre de Rea Silvia, a entrar al servicio de la diosa Vesta. De esta manera, ya que tendría que hacer voto de perpetua castidad, no llegaría a casarse, y nunca, por tanto, daría hijos que con el tiempo pudieran aspirar a gobernar el país. Con otras muchas doncellas, ella guardaba el eterno fuego sagrado, que en honor de Vesta, la diosa del hogar, ardía en el templo a ella dedicado.

Una mañana, cuando Rea Silvia pasaba por el Bosque Sagrado, camino al Tíber para coger agua para los servicios religiosos, se encontró frente a frente con un lobo gigantesco. La vestal dio un grito de horror, y se volvió para escapar de allí; ante sí vio la entrada de una cueva y sin pensarlo dos veces, se resguardó en ella. Rea Silvia avanzaba a tientas por la gruta. De súbito, aquella negra oscuridad fue rasgada por unos brillantes rayos de luz que la deslumbraron. Cuando sus ojos se acostumbraron al resplandor, pudo darse cuenta de que éste procedía del yelmo y de la armadura de un dios: Marte, la poderosa deidad que guía los caballos de la guerra. Temblando de emoción y de miedo, Rea Silvia cayó de rodillas.

El dios levantó del suelo a la vestal y tomándola en sus brazos le dijo:

—Desde este momento deseo que seas mi esposa.

Aquella cueva fue desde entonces la morada de la feliz pareja.

Rea Silvia dio a luz dos niños. La vestal llevó a los gemelos al Bosque Sagrado, y acto seguido se presentó al Sumo Sacerdote.

Una tempestad horrorosa se desencadenó sobre la infortunada mujer. Aparecieron unas sacerdotisas anunciando que se había apagado el fuego sagrado sobre el altar de la diosa Vesta. Todo daba a entender que se había cometido un gran desacato, y que la pecadora se hallaba precisamente en el Bosque Sagrado. Rea Silvia estaba perdida. El Gran Sacerdote envió emisarios a la ciudad de Alba Longa para comunicar al rey Amulio el crimen cometido por la vestal. Ello produjo honda emoción en el monarca, porque los mellizos eran cabalmente nietos de Numitor, rey legítimo del país, y tenían derecho indiscutible al trono que él ocupaba. Más que el crimen cometido por la vestal, le preocupaba el peligro que corría de perder su corona.

La severa ley de la diosa Vesta vino a favorecer al rey Amulio: Rea Silvia fue condenada a morir ahogada en las aguas del Tíber, y la misma pena sufriría el fruto de sus amores.

Dos verdugos arrancaron a los dos niños de los brazos de su madre y los colocaron en una cesta, para echarlos al agua. Luego arrastraron a la infortunada vestal hasta la margen del río. Mas, en el preciso instante en que tocaba el agua el cuerpo de la desventurada, se levantó una ola muy grande, que cubrió y ocultó a Rea Silvia. Los verdugos quedaron como petrificados de espanto, pues en aquella gigantesca columna de agua creyeron ver al dios del río, Tiberino. No se habían equivocado; era, cabalmente, el dios que acogía y abrazaba a la vestal perseguida.

Densas y negras nubes comenzaron a descargar enormes cantidades de agua, y el río, hinchado, salió de su cauce. Cuando cesó la lluvia, los verdugos se dispusieron a cumplir la segunda parte del encargo. Cogieron la cesta con los dos niños, pero al comprobar que las aguas del río habían invadido las orillas, y producido lagunas y arroyuelos en las tierras circundantes, decidieron colocar la cesta en uno de éstos, cuyas aguas no eran muy impetuosas, y dejar al arbitrio de los dioses el hacer que el arroyo condujera la cesta a la corriente principal, o salvar a los niños.

Las aguas, suavemente, llevaron la cesta a un paraje en el que se destacaban siete colinas. Una de ellas era el llamado monte Palatino, en cuyo pie se posó la cestita. Había allí una higuera que extendía sus ramas sobre el agua; estaba consagrada a la diosa Rumina, y fue venerada con el nombre de *higuera rumina* durante siglos a causa del prodigio que mediante ella se estaba realizando ahora.

Las ramas de la higuera, en efecto, sujetaron firmemente la cestilla. Aunque las olas azotaban la endeble cunita de juncos, no lograron arrebatar su presa a la higuera.

Los gritos lastimeros de los niños atrajeron hacia aquel solitario paraje a una loba que se alojaba en una cueva del dios Luperco, y, compadeciéndose de ellos, los llevó a su cueva, donde los lamió largo rato y les dio de mamar. No tardó en secundar a la loba en su tarea maternal, el Pico, pájaro sagrado del dios Marte, llevando a los pequeñuelos semillas y granos.

Un día acertó a pasar por allí un humilde pastor, llamado Fáustulo, a quien se le extravió una cabra por la hendidura de la cueva de Luperco. Al entrar, para buscar la cabra, Fáustulo fue testigo de un espectáculo conmovedor: las fieras del bosque y los animales del campo estaban alimentando a dos niños. El cabrero fue a buscar a su mujer, Aca Larencia, y juntos se llevaron a los mellizos a su cabaña. Les dieron los nombres de Rómulo y Remo.

Cuidados por sus padres adoptivos, los muchachos crecieron robustos y sanos, y pronto llegaron a ser unos jóvenes hermosos y arrogantes. Cuando llegó a las soledades del Palatino la noticia del cruel asesinato de Rea Silvia en las aguas del Tíber, y del otro crimen, no menos brutal, de dejar expuestos a los dos hijitos de la infortunada vestal, ya no le cupo duda a Fáustulo de que estaba destinado a hacer las veces de padre con los hijos de algún dios. No tardó en participar sus descubrimientos a su esposa, y ambos lloraron de felicidad y de dolor a la vez. Pues aunque les complacía mucho la gran merced que les hacían los cielos, presentían que los mellizos, a quienes amaban con toda su alma, estaban destinados a grandes cosas y habían de arrebatárselos.

Los temores de los dos viejos pronto se confirmaron. Cada día eran más violentas las luchas de los gemelos con los vaqueros del Aventino, y éstos tomaban muy a mal que los vencedores fueran siempre Rómulo y Remo. Así, decidieron castigarlos con mano de hierro. Las lupercales, fiestas dedicadas al dios Fauno, proporcionaban, a su juicio, una ocasión magnífica para ello. Se celebraban a mediados de febrero, y se festejaba en ellas el rejuvenecimiento de la Naturaleza con sacrificios, salvajes danzas de jóvenes vestidos con piel de lobo, y carreras alrededor del Palatino. Los vaqueros daban por descontado que los mellizos adelantarían muy pronto a sus rivales, y entonces, al separarse de sus adictos y simpatizantes, resultaría fácil dar cuenta de ellos.

Pronto estuvo todo preparado. Después del servicio religioso empezaron los juegos. Al fin se dio la voz para el comienzo de las carreras. Se realizarían en torno al monte Palatino. Rómulo y Remo se lanzaron como un huracán a la pista que bordeaba la falda de la colina, pronto dejaron atrás a los demás competidores y los dos hermanos iban derecho a la meta. Éste era el momento que los vaqueros esperaban, emboscados entre la maleza circundante. Dando alaridos se arrojaron sobre los mellizos; pero sólo lograron atrapar a uno: Remo. Rómulo, en cambio, pudo escapar.

En el camino se encontró con Fáustulo, que regresaba de las fiestas, y le explicó, lleno de rabia, lo ocurrido.

Los acontecimientos se habían precipitado en forma tal, que el viejo cabrero tomó la decisión de no mantener ocultos por más tiempo los indicios que tenía acerca del origen de sus dos pupilos. Así, Fáustulo confortó al joven con estas palabras:

—Has de saber que ustedes, Rómulo y Remo, no son hijos de un humilde pastor. Sus padres son Marte, el dios de la Guerra, y Rea Silvia.

Rómulo exclamó, al oír estas palabras:

–¿Rea Silvia, nuestra madre? ¿Aquella infortunada mujer que desapareció en las aguas del Tíber? Así, Numitor, el soberano desterrado, es nuestro abuelo–. Fáustulo inclinó su cabeza en señal de asentimiento.

En el entretanto, los vaqueros habían conducido al pobre Remo, encadenado, al Aventino, y estaban deliberando acerca de la clase de tortura que habrían de aplicarle. Pero, para sorpresa de todos, se presentó Fáustulo para anunciarles que todo aquel que cometiera violencia contra los mellizos, ofendería a hijos de dioses. El asombro y la consternación se pintaron en el semblante de los vaqueros. Sin la menor resistencia aceptaron la invitación de Fáustulo, de trasladarse a la residencia del rey Numitor, confinado en un bosque para que el viejo y legítimo soberano de Alba Longa les confirmara lo maravilloso del caso.

Ante un templo consagrado a Silvano, dios de los bosques, y en presencia de los pastores del Palatino y del Aventino, el anciano abrazó a Rómulo y a Remo, y, proclamados ante todo el pueblo como nietos de Numitor, Rómulo y Remo juraron conquistar Alba Longa. Todos los demás hombres adhirieron. Tras una encarnizada batalla, los vasallos del desleal Amulio fueron totalmente derrotados; el propio usurpador cayó a manos de Rómulo.

Numitor, que amaba tiernamente a sus nietos, se sentía feliz al pensar que a su muerte gobernarían conjuntamente en Alba Longa y decidirían sus destinos. No fue así, sin embargo. Uno y otro se creían llamados a empresas nuevas y audaces.

Con el paso de los años, Rómulo y Remo sentíanse atraídos hacia su patria primitiva, junto a las márgenes del Tíber. Allí querían ellos fundar una ciudad que superara en mucho a todas las que existieron hasta entonces. En recuerdo de los padecimientos de su madre, ese lugar sería refugio sagrado para todos los perseguidos; los pastores del Palatino y del Aventino serían sus primeros ciudadanos. El anciano monarca aprobó este plan y regaló a sus nietos el territorio correspondiente. Cuando Rómulo y Remo pusieron manos a la obra en sus proyectos, se dieron cuenta de que no habían puntualizado detalles muy importantes acerca de los cuales debiera existir acuerdo completo. Aun cuando la ciudad fuera gobernada conjuntamente, tendría que llevar un solo nombre, el de uno de los cofundadores. ¿Cuál de los dos? Tampoco se habían puesto de acuerdo sobre el lugar más apropiado para la instalación de la nueva colonia; ¿en el Palatino o en el Aventino?

Reconocieron que sólo el cielo podía zanjar la cuestión, y decidieron consultar a los dioses. En una noche de luna, Rómulo, acompañado

Las competencias deportivas, tanto en Grecia como en Roma, hacían parte de la cultura del pueblo.

de sus partidarios, subió al monte Palatino, mientras Remo escalaba con su séquito el Aventino, situado enfrente. Con un cayado delimitaron un espacio entre cielo y tierra, y aguardaron a que dentro de este sagrado recinto se realizara la señal que esperaban. Pasó aquella noche. Al día siguiente, y a la hora en que el resplandor de la aurora comenzaba a iluminar el horizonte, pudo ya advertirse que los dioses habían tomado su decisión. Por el Este, y acompañados por los rayos de la aurora, seis buitres aparecieron en el cielo del Lacio, volando en dirección al Aventino, a cuyo alrededor describieron lentos círculos, antes de perderse en la planicie latina. Remo, alegre y excitado, gritó a Rómulo que él era el elegido. Mas he aquí que del azul nocturno que todavía reinaba en Occidente salieron en dirección al Palatino doce buitres, que con fuertes graznidos saludaron a los guardas apostados en la cumbre misma de la colina, para desaparecer en seguida entre los ardientes resplandores del sol naciente.

No había duda de que las mencionadas aves de rapiña habían sido enviadas por los dioses. Pero, ¿cuál era, en definitiva, la voluntad de éstos? ¿A cuál de los dos hermanos correspondía la misión de fundar la nueva ciudad y empezar a gobernarla? La respuesta era dudosa, pues aunque había doce buitres contra seis, por otra parte los seis fueron los primeros en aparecer. La opuesta dirección del vuelo tampoco podía estar desprovista de significación. Surgió, pues, una nueva disputa, más enconada aún que la anterior, y sólo cuando Remo se convenció de que sucumbiría ante las huestes más numerosas y potentes de su hermano, cedió y se acomodó, con disgusto, a lo inevitable.

Mientras Remo había de mantenerse al margen de los acontecimientos, Rómulo se apresuró a proceder, con la mayor solemnidad, a fundar la nueva población. A este fin reunió unos mil hombres en el monte Palatino. Después de haber ofrecido a los dioses los sacrificios de rigor, Rómulo declaró que el águila sería el símbolo de la nueva ciudad. Luego procedió a señalar sus límites. Para ello unció a una yunta un toro y una vaca para que arrastraran un arado; el surco abierto señalaba el lugar donde se alzarían las futuras murallas. Al llegar a los puntos donde se habría de disponer una puerta, interrumpían el surco, levantando el arado en vilo. El pueblo entero iba detrás de la yunta y arrojaba hacia el interior del recinto marcado los terrones que el arado iba levantando. Terminada la ceremonia, aquellos dos animales, cuya unión bajo el yugo debía simbolizar la más pequeña, pero también la más importante célula social, el matrimonio, fueron sacrificados a los dioses.

Antes de proceder a la construcción de casas, abrieron un foso poco profundo y levantaron una muralla no muy alta, para cubrir las primeras necesidades de defensa. Entonces ocurrió algo inesperado. Para demostrar que servían de muy poco esas obras de atrincheramiento, Remo, con burlona risa, franqueó de un salto el foso y la muralla. ¡No hay en la Tierra afrenta más ignominiosa! Para los hombres primitivos, las murallas eran sagradas, símbolo de la protección contra los peligros que acechaban, y no se conocía sacrilegio más espantoso que el burlarse de esta defensa bendita. Rómulo aplicó la sanción en el acto. Sacó la espada y eliminó a su hermano.

Quedaba fundada la ciudad; pero carecía de nombre por el momento, pues Rómulo, después de su horrendo crimen, impuesto por una ley tan antigua como ineludible, cayó en una melancolía profunda. Al propio tiempo los dioses castigaban a la nueva colonia con pruebas muy duras. Las personas se vieron atacadas por graves pestilencias. Cuando la miseria llegó a su máximo, el joven monarca se decidió a aplacar la sombra del hermano muerto, pues sentía que todos aquellos sufrimientos procedían del alma de Remo, la cual, sedienta de venganza, andaba errante por los parajes cercanos. Así, mandó levantar junto al suyo un segundo trono, y en el sillón forrado de púrpura colocó un cetro y una corona, como indicando que quería compartir la soberanía con el muerto. Muy extraño pareció a muchos este modo de proceder, y no pocos huían de aquel siniestro lugar en el que junto a un monarca vivo había otro que gobernaba desde la tumba. Pero cuantos habían comprendido el sentido de esta simbólica reconciliación y supieron esperar confiados, recibieron al fin el premio merecido. El hambre y la peste cesaron, y la colonia nueva recobró la tranquilidad y la vida normal. Rómulo le dio entonces su mismo nombre. Se llamaría Roma.

Alegoría de Cupido.
El Bronzino.
Galería Nacional
de Londres.

PSIQUE, LA PRINCESA QUE ATRAPÓ A CUPIDO

Había una vez un rey y una reina que tuvieron tres hijas y las tres hijas eran muy hermosas. Pero la hermosura de las dos mayores sólo era superada por la belleza de la hermana menor. Muchos hombres venidos de los más lejanos rincones del reino y otros de reinos muy distantes, llegaban atraídos por la fama de la bella mujer; quedaban atónitos ante tanta hermosura sin par y llegaron a venerar a la joven como si fuera la diosa Venus en persona y, muchos se atrevieron a decir, que tal belleza no se explicaba sino por la aparición de otra Venus.

Ya nadie navegaba hacia las ciudades que levantaban sus templos hacia la diosa Venus. Sus sacrificios quedaron interrumpidos, sus templos se arruinaron, su culto abandonado. Cuando la joven cruzaba una plaza, la gente se aglomeraba para implorar su protección ofreciendo flores y guirnaldas.

Todo esto trajo sus amargas consecuencias. Este exagerado traspaso de honores divinos a favor de una simple mortal, inflamó la violenta cólera a la verdadera Venus, que, sin poder contener su indignación y con profunda rabia, le exclamó a sus sirvientes:

—¡Yo pues, la primitiva madre de la naturaleza, la Venus reina del universo, ¿he de verme reducida a compartir con una joven mortal los honores debidos a mi majestad?

Y continuó gritando a los cuatro vientos:

—¡Pero esa criatura, como quiera que sea, no ha de continuar triunfando y usurpando mis honores; la haré lamentarse hasta de esa seductora hermosura!

Inmediatamente llamó a su hijo, Cupido, el niño alado y armado con flechas, y se dirigieron a la ciudad en donde se encontraba Psique. Y ardiendo de rabia le dijo a Cupido:

—Hijo, castiga sin compasión a esta terca hermosura; haz que esta joven se enamore perdidamente del último de los hombres, un fracasado en su posición social, en su patrimonio, en una sola palabra: un ser miserable que no pueda hallar en el mundo entero otro despreciable comparable a él.

Terminada su petición se perdió en el horizonte.

Mientras tanto, Psique, a pesar de su hermosura no había sacado la mejor ventaja de ella. Todos la contemplaban, todos la endiosaban, pero nadie, ni un rey, ni un príncipe, ni siquiera algún plebeyo, se presentaba a pedir su mano. Era como si la furia de la verdadera Venus ya estuviera haciendo estragos en su vida. Hacía tiempo que sus dos hermanas mayores se habían comprometido con pretendientes de sangre real, y ya estaban casadas.

Ante tantos inconvenientes, el rey y padre de la princesa solitaria comenzó a sospechar de una maldición divina. Por temor a la ira del cielo, consultó el antiquísimo oráculo de Apolo que quedaba en las afueras de la ciudad de Mileto. Con oraciones y sacrificios le pidió a tan alta divinidad una boda, un marido para la doncella sin pretendiente. Al poco tiempo, Apolo formuló el siguiente oráculo:

Sobre una roca de la alta montaña, instala, ¡Oh rey!, un tálamo fúnebre y en él a tu hija ataviada con ricas galas. No esperes un yerno de estirpe mortal, sino un monstruo cruel con la ferocidad de una víbora, un monstruo que tiene alas y vuela por el éter, que siembra desazón en todas partes, que lo destruye todo metódicamente a sangre y fuego, ante quien tiembla el mismo Júpiter, se acobardan atemorizadas las divinidades y retroceden horrorizados los ríos infernales y las tinieblas del Estigio.

El rey, que en otros tiempos se vanagloriaba de su felicidad, quedó desmoralizado y triste al escuchar la respuesta del oráculo divino, y regresó a cumplir la cruel sentencia del destino de su amada hija.

Lo que hubiera podido ser la fiesta más alegre y esplendorosa del reino, se convirtió en una boda fúnebre. La población en masa tomó parte de la comitiva. Psique bañada en lágrimas, no asistió a su propia boda sino a sus propias exequias. Y cuando sus padres y el pueblo iniciaron tan doloroso proceso, Psique trató de animarlos diciéndoles:

—Cuando los pueblos de diversas naciones nos rendían honores divinos, cuando ellos mismos me llamaban la nueva Venus, entonces era el momento de gemir y de llorar. Ahora me doy cuenta, ahora veo claro, el nombre de Venus ha sido la única causa de mi perdición.

Y mostrando la valentía que nadie creía que tenía la hermosa princesa, continuó diciendo:

–Llévenme, y colóquenme sobre la roca que el destino me ha asignado. Tengo ganas de que llegue el momento ineludible de mi dicha o de mi desdicha.

Al llegar a la roca señalada por el oráculo, sobre la abrupta montaña, se colocó la joven en lo alto de aquella cumbre y la dejaron completamente sola. Psique resignada a su destino, se arrimó al mortal precipicio y en un acto de valentía se dejó caer al abismo. Pero cual fue su sorpresa, al sentir que su cuerpo se elevaba gradualmente y transportada por los aires en suave descenso, hasta un profundo valle que había al final. Aterrizó suavemente y quedó sentada en un lecho de césped florido.

Al rato se levantó tranquila de su plácido sueño. Y el espectáculo que miraban sus ojos no podía ser más hermoso: en medio de un bosque de árboles frondosos por donde corría una quebrada de aguas cristalinas, había una mansión real que descansaba sobre columnas de oro y sus paredes estaban forradas en plata. El piso estaba tapizado en diminutas piedras preciosas. Todo el mobiliario era igualmente bello; sin duda era la casa de una divinidad que habitaba en la tierra.

Atraída por los encantos del lugar, Psique se acercó cada vez más; fue cobrando confianza y se aventuró a cruzar el umbral. Cuando Psique se complacía con sumo deleite a la vista de grandiosos tesoros, escuchó la voz de un ser invisible:

"Psique todo esto te pertenece. Entra, pues, en tu habitación, ponte a descansar de tus fatigas y, cuando gustes, di que se te prepare el baño. Nosotras, cuya voz estás oyendo, somos tus doncellas; estamos prontas a servirte con esmero, y, en cuanto estés arreglada, no se hará esperar el regio banquete organizado en tu honor".

Psique entendió que todo esto era regalo de un dios. Después de dormir y comer como una diosa, se bañó en el más hermoso de los recintos que mente humana pudiera imaginar. Ella no podía ver a nadie; tan sólo oía palabras caídas del cielo y las voces eran su único servicio.

Bien entrada la noche, Psique sintió la presencia de su marido invisible pero antes de que volviera la luz del día, había desparecido apresuradamente. Así continuaron las cosas por algún tiempo y como humana que era Psique, se fue acostumbrando a vivir sola y con un marido al que no podía ver.

Mientras tanto, su padre y su madre envejecían sin cansarse de llorar la ausencia de su hija. La noticia de lo ocurrido se había divulgado en otros pueblos y ciudades, y sus dos hermanas mayores se habían enterado de lo sucedido y, abandonando sus hogares, acudieron a ver a sus padres para acompañarlos, pero también porque sentían muchos celos de los rumores de su hermana menor.

Pero tanta tranquilidad y tanta paz no podían durar mucho tiempo. Una noche su esposo, que aunque era invisible no dejaba de sentirlo y de tocarlo, le pidió que le pusiera mucha atención a lo que le iba a decir:

—Psique, adorada esposa, estás en peligro de muerte. Tus hermanas te creen muerta y buscan tu rastro; pronto llegarán a la consabida roca. Si dado el caso, oyeras sus lamentos, no contestes; tampoco vuelvas la mirada en su dirección; de lo contrario, a mí me traería el más vivo dolor y a ti te costaría la mayor de las desgracias.

Ese día Psique lloró hasta el anochecer, pues su desgracia era mayor. Sola, sin poder hablar con nadie, con un esposo invisible que llegaba en la penumbra y se iba con los primeros rayos del sol, y ahora con el conocimiento de que sus dos hermanas lloraban desconsoladas su aparente muerte. Cuando llegó el alado esposo se dio cuenta de su tristeza y, con voz tierna le dijo:

—Son esas las promesas que me hiciste, querida Psique. Cómo puedo confiar en ti si insistes en atormentarte. Recuerda tan sólo mis advertencias cuando un día empieces a arrepentirte.

Pero, Psique, a fuerza de llantos y de ruegos, logró que su esposo permitiera venir a sus hermanas con el mismo procedimiento que ella

Cupido y Psique.
Escultura antigua.

llegó. Él aceptó pero le recomendó con insistencia y con reiteradas y tremendas amenazas que no cediera a los peligrosos consejos de sus hermanas.

Psique le dio las gracias a su marido y más enamorada que nunca le dijo:

—Antes morir mil veces que perder la felicidad de nuestra unión, pues estoy locamente enamorada de ti y, seas quien fueres, te quiero tanto como a mi propia vida.

Y ante tantas promesas y palabras bellas, el esposo prometió hacer todo lo que se le pedía, y como ya iba a amanecer, se esfumó.

Las dos hermanas, que más por el amor por la envidia, se habían informado sobre la roca y el lugar exacto en que Psique había sido abandonada. Sin pensarlo mucho se pusieron a llamar por su nombre a la desgraciada hermana. Psique, temblorosa por los quejidos de dolor que bajaban hasta el valle, le pidió al aire cumplir la orden de su marido. Sin hacerse esperar, el aire con un suave soplo levantó a las dos hermanas de la roca y las transportó al valle hermoso en donde habitaba su hermana.

Psique no cabía de la alegría y entre besos y abrazos invitó a sus hermanas para que conocieran su hogar. Les enseñó los inmensos tesoros de su casa dorada, les hizo oír la multitud de voces que le servían, y para reponer las fuerzas, les ofreció un baño suntuoso y todos los refinamientos de una mesa digna de reyes. Fue tanta la atención de Psique a sus hermanas, que muy pronto empezaron a sentir la envidia en el fondo del corazón.

No contentas con las muchas atenciones que les había hecho su hermana, una de ellas no aguantó más la imprudencia y preguntó:

–Cuéntanos Psique, ¿quién es el dueño de estas maravillas? ¿Cómo se llama?

Y la otra hermana no menos envidiosa amplió el interrogatorio:

–¿En qué puede trabajar un hombre para ganar tanto dinero y tener tanta riqueza?

Psique que había prometido a su marido no decir nada, inventó una pequeña mentira y respondió:

–Mi esposo es un apuesto joven, que dedica la mayor parte de su tiempo a la caza por el campo y el monte –y temiendo que pudiera hablar más de lo debido, se despidió de sus hermanas no sin antes regalarles piedras y collares de oro. Le pidió al viento alado que volviera a dejar a sus hermanas encima de la roca.

La orden fue cumplida al instante. Las ilustres hermanas volvieron a casa, pero corroídas por la envidia y el odio que se manifestaba en la conversación que llevaban:

–¡Qué injusta es la vida! –decía la menor de las dos– ¡nosotras somos iguales de bellas y jóvenes pero nos ha tocado casarnos con maridos viejos que nos tienen de criadas y además nos toca vivir lejos de nuestros padres y de nuestra ciudad!

–¡Sí, hermana! Es demasiado injusto. Además, creo que es una egoísta y tacaña, mira el poquito de joyas que nos regaló –vociferó la otra hermana.

Llenas de ira y de envidia elaboraron un plan contra la felicidad de su hermana.

Entretanto, el misterioso marido de Psique le dio a su esposa nuevas instrucciones en sus conversaciones nocturnas:

—¡No te fíes de tus hermanas, ellas están invadidas por la avaricia y la codicia y harán cualquier cosa para ponerte en contra mía! Pues vamos a tener familia: llevas en tu seno un niño, que será un dios si sabes callar y guardar nuestro secreto; si lo profanas, ¡nuestro hijo será un simple mortal!

Pero la inocencia y la incredulidad de Psique, no lograban convencerla de la maldad de sus hermanas y, una vez más, rogó a su esposo que le permitiera verlas, ya que tanta felicidad debía ser compartida por su familia. Y entre caricias y palabras de amor, el misterioso esposo le permitió la visita de sus malvadas hermanas.

A la mañana siguiente y ayudadas por el viento, bajaron, se dirigieron a su hermana y aparentando mucha felicidad pusieron a rodar el tenebroso plan. Una de ellas le dijo:

—Porque crees que eres muy feliz no te preocupas por el peligro que te acecha; pero puedes estar tranquila, porque nosotras en permanente alerta velamos por tus intereses y nos torturamos por los desastres que te afectan.

Y casi sin dejarla terminar de hablar, la otra hermana agregó:

—Sabemos de buena fuente y por el amor que te tenemos, que el esposo que llega todas las noches a tu lecho es una horrible serpiente, con un cuello que destila un veneno mortal, con una boca terrible que espera el momento oportuno para tragarte.

La pobre Psique, tan sencilla e inocente, creyó las mentiras de sus hermanas y no haciendo caso de las advertencias de su marido, les contó que nunca había visto el rostro de su esposo y que él le prohibió con amenazas que no podía ver los rasgos de su cara.

Aprovechando la debilidad de Psique, la malvada hermana mayor le explicó en qué consistía el plan para descubrir a la supuesta bestia:

—Esta noche, cuando la bestia ya esté dormida, enciendes una lámpara de aceite y compruebas lo que te decimos.

—Y no te preocupes —exclamó la otra hermana —nosotras estaremos a la expectativa y cuando hayas comprobado la verdad, atraparemos la bestia y la eliminaremos; nos apresuraremos a llevarte a ti, y contigo llevaremos todos tus tesoros; y, ya que eres muy bella, te uniremos a un marido de condición humana como tú lo anhelas.

Entonces Psique a falta de valor físico y moral, pero sostenida por la voluntad cruel del destino, cobró fortaleza y fue en busca de la lámpara. Pero, al acercar la luz e iluminarse la alcoba, Psique vio al más dulce y amable de los animales salvajes: era Cupido en persona, el dios de la hermosura. Psique se sintió desfallecer ante la maravillosa aparición y, sin poder contener la emo-

Psique y Cupido.
Escultura de Canova.
Museo de Louvre.

ción, se dejó caer de rodillas con tan mala suerte que una gota de aceite caliente cayó en el pecho de su amado esposo. El dios, en efecto de la quemadura, se despertó sobresaltado y, al ver que su secreto había sido divulgado y profanado, evitando los besos y abrazos de su infeliz esposa y antes de levantar vuelo exclamó:

—Eres el colmo de la simpleza, Psique; yo, sin tener en cuenta las órdenes de mi madre Venus, en lugar de esclavizarte como ella quería con el amor del último y más desgraciado de los hombres, en lugar de 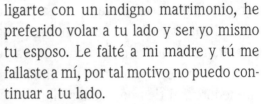 ligarte con un indigno matrimonio, he preferido volar a tu lado y ser yo mismo tu esposo. Le falté a mi madre y tú me fallaste a mí, por tal motivo no puedo continuar a tu lado.

Triste y desesperada, Psique se dejó llevar sin rumbo en busca de su esposo de día y de noche, preguntándolo por todas partes. Pero donde llegaba no encontraba sino rechazos, pues ya todos sabían lo sucedido y nadie se atrevía a ayudar a una humana cuando la poderosa Venus la estaba buscando para castigarla. Después de mucho caminar decidió llegar hasta el mismo palacio de Venus para decirle la verdad.

Apenas estuvo en su presencia, Venus exclamó:

—Antes de decidir qué hacer contigo, quiero saber si eres digna de mi hijo.

Dicho esto mandó a sus sirvientes a que le trajeran un bulto de habas, un bulto de trigo, un bulto de mijo, un bulto de garbanzos y un bulto de lentejas. Los mezclaron todos en un solo montón y le dijo a Psique.

—Separa los granos uno por uno y clasifícalos antes del anochecer: una vez concluida la tarea te daré mi aprobación —y salió a un banquete nupcial.

Psique quedó muda y ni siquiera trató de organizar la tarea, pues cualquier esfuerzo era inútil e imposible; por lo menos, necesitaría mil personas para terminar tan penosa penitencia. Pero, de pronto, del rincón del cuarto, salió una diminuta hormiga que sabía que esa bella criatura era nada menos que la compañera del gran Cupido. Y corriendo de un lado para otro, convocó y reunió a toda clase de hormigas por los alrededores, al tiempo que les dijo:

—¡Tengan compasión, compañeras, de la esposa de Cupido: es una jovencita muy hermosa y está en peligro; de prisa, vamos a acudir en su auxilio!

En oleadas sucesivas, este ejército de las seis paticas se lanzó en masa y, en un alarde de actividad, separaron los granos, los distribuyeron, los agruparon por especies y, en un instante desaparecieron de la escena.

Entrada la noche, Venus regresó del banquete nupcial y lo primero que hizo al llegar fue mirar el fracaso de Psique. Pero, muerta de rabia, al ver la tarea perfectamente hecha, le gritó:

—¡Este trabajo no es obra tuya, no es obra de tus manos! ¡Al amanecer te diré tu próxima tarea!

Al amanecer, Venus mandó llamar a Psique y le dijo:

—¿Ves aquel bosque que se extiende a lo largo del río? Por allí andan, sin pastor, unas ovejas cuyos vellones tienen el auténtico brillo del oro. Tráeme inmediatamente un mechón de aquella preciosa lana.

Psique se puso en marcha; no pretendía ciertamente cumplir la orden de Venus, sino precipitarse al río desde una roca y acabar con sus penalidades. Pero desde el cauce de aquel río la verde Caña, órgano de melodiosa armonía, dejó oír, por divina inspiración, un leve susurro entre las ligeras brisas. Era la siguiente profecía:

—Psique no manches la santidad de mis aguas con tu desgraciada muerte; no intentes tampoco acercarte en este momento a las temibles ovejas. Pues mientras esté el terrible sol reflejando sus poderosos rayos, ellas están poseídas de una furia indomable y te matarían a mordiscos sin ninguna consideración. Espera a que el sol caiga en la tarde y mientras ellas descansan en la ribera, tú recoges su lana que queda esparcida por todo el frondoso bosque.

Siguiendo estrictamente a las indicaciones, le resultó fácil hacerse con la sedosa lana dorada y volver ante Venus con la misión cumplida. Pero el éxito de esta segunda prueba tampoco mereció la aprobación de la soberana; al contrario, arrugando el ceño y con amarga sonrisa, Venus exclamó:

—Creo que me has engañado una vez más, ahora voy a probar de una vez la energía de tu carácter y lo excepcional de tu prudencia. ¿Ves el agudo picacho que remata aquella altísima montaña? Allí brota una fuente tenebrosa, cuyas aguas negruzcas se recogen en la cuenca del valle inmediato, para pasar a la laguna del Estigio y alimentar la estruendosa corriente del río Cocito. Sube a la cumbre y en el mismo punto en que el agua helada sale a la superficie de la tierra, llena este recipiente con ese líquido y me lo traes.

Al mismo tiempo le entregó una jarra de cristal.

Psique, decidida, aceleró el paso dirigiéndose a la cumbre de la montaña. Pero, en cuanto alcanzó la cresta, vio la magnitud de la empresa y las dificultades mortales que suponía: había una roca de tamaño descomunal, inaccesible por lo resbaladizo del terreno. De sus mismas entrañas, salían impresionantes chorros cuyas aguas, en cuanto surgían de las concavidades en desnivel, se deslizaban por la pendiente, se abrían paso por estrechos canales subterráneos y reaparecían al caer en el valle vecino. A derecha e izquierda, de unas cuevas se asomaban estirando sus largos cuellos unos furiosos dragones con los ojos abiertos, sin pestañear, y las pupilas en permanente acecho.

Ante lo insuperable de la tarea, Psique se quedó como petrificada.

Para su fortuna, de improviso apareció, con las alas desplegadas, el ave real de Júpiter: el águila arrebatadora. Quería, con una oportuna intervención, honrar al divino Cupido socorriendo a su esposa en peligro. Volando bajo la mirada de la joven, le dijo:

—¿Cómo esperas poder robar aunque sólo sea una gota de esta fuente tan sagrada como horripilante? ¿No has oído decir que hasta los dioses, incluido el propio Júpiter, se sobrecogen ante las aguas del Estigio? ¿Y que, así como los mortales juran por el poder de las divinidades, los dioses tienen la costumbre de jurar por la majestad del Estigio? Dame tu jarra.

El águila la cogió entre sus garras y, balanceándose sobre sus pesadas alas extendidas como remos a derecha e izquierda, pasó entre los dragones rozando sus mandíbulas armadas de furiosos dientes y sus lenguas en que vibraba un triple dardo; y cuando las aguas, resistiéndose y profiriendo amenazas, le ordenaron que se retirara sin profanarlas, el águila les contestó que había ido por orden de Venus, a cuyo servicio estaba.

Psique recogió con alegría la jarra llena de agua y la llevó a Venus; pero tampoco ahora pudo aplacar la cólera de la enfurecida diosa. Amenazándola con mayores y peores suplicios, con infernal sonrisa comentó:

—Ahora veo que debes ser una gran hechicera, muy versada en magia, para cumplir tan pronto órdenes como las que te doy. Pero, he aquí, encantadora chiquilla, el nuevo servicio que me vas a prestar. Coge esta caja y vete al Infierno, la tenebrosa morada de Orco. Allí entregarás la caja a Proserpina, la diosa del Infierno y le dirás: "Venus te pide que le mandes un poquito de tu hermosura, aunque sólo sea la mínima ración de un día. Lo que ella tenía lo agotó cuidando a su hijo herido".

Cuando estaba a punto de desistir, oyó una dulce voz que le decía: "En unos parajes solitarios cercanos se oculta la caverna que conduce al infierno: búscala. Es un respiradero de la morada de Plutón, y sus puertas entreabiertas dejan ver una senda intransitable; en cuanto traspases el umbral y te adentres un poco, un pasillo te llevará directamente al mismísimo palacio de Orco. Pero no debes ponerte en marcha

Cupido tendiendo el arco.
Estatua antigua.

con las manos vacías entre aquellas tinieblas: debes llevar en cada mano un pastel de harina de cebada amasado con vino y miel, e irás también con dos monedas en la boca. Cuando hayas recorrido buena parte de la ruta que lleva al país de la muerte, te encontrarás con un asno cojo, cargado de leña; su conductor, igualmente cojo, te rogará que le alargues unas ramas que van colgando de la carga; pero tú, sin decir palabra, pasa de largo en silencio. Inmediatamente después, llegarás al río de la muerte, a cuyo frente está Caronte, el barquero que conduce las almas de los muertos; éste empieza por reclamar el importe del viaje, y, sin más requisitos, transporta a los viajeros a la orilla opuesta en su barca de cuero cosido. A ese viejo le entregas, a título de peaje, una de tus dos monedas, pero cuidando un detalle: que él con su propia mano saque la moneda de tu boca. Otro detalle no menos importante: en la travesía, sobre las perezosas aguas, un viejo, nadando sobre la superficie, tenderá hacia ti sus manos y te suplicará que lo subas a la barca, pero no te dejes llevar por la compasión: está prohibida.

Pasado ya el río y avanzando un poco más, unas viejas hilanderas, en su tarea de tejer, te suplicarán ayuda: tampoco puedes tocar su obra. Venus, en su astucia, tenderá todas esas trampas y otras muchas para que sueltes al menos uno de esos pasteles: la pérdida de uno de los dos representa el no regreso a la luz del día. En efecto, hay un perro colosal con tres cabezas enormes, monstruoso y formidable animal, llamado Cerbero, encargado de no dejar salir los muertos e impedir la entrada de los vivos.

Para dominarlo, échale como cebo una de tus tartas y te será fácil pasar y entrar ya directamente en casa de Proserpina; ésta te acogerá amable y bondadosa; hasta te invitará a sentarte cómodamente a su lado. Pero tú, siéntate en el suelo, de lo contrario quedarás pegada eternamente al asiento, anúnciale el objeto de tu visita, recoge lo que se te dé y emprende el regreso. Líbrate del perro con el pastel que te queda; dale después al barquero la moneda que has reservado y, cuando hayas atravesado el río, vuelve sobre tus primeros pasos hasta alcanzar la luz de este mundo. Entre todas mis recomendaciones, he aquí, a mi parecer, la más importante: no intentes abrir la caja y ver lo que lleva dentro: encierra un tesoro de divina hermosura: que tu curiosidad no haga experimentos con él".

Una a una, Psique cumplió estas recomendaciones pero, al recobrar y adorar la luz resplandeciente de este mundo, aunque tenía prisa por coronar la tarea encomendada, su alma se dejó llevar de una temeraria curiosidad: quiso comprobar el contenido de la caja. Pero allí no había absolutamente nada: ni rastro de belleza; al contrario, tan sólo había un sopor infernal que envolvió todos sus miembros en una densa niebla que la dejó tendida en el suelo como muerta.

Pero Cupido, cuya herida había cicatrizado por completo, y sin poder aguantar más la prolongada ausencia de su esposa, acudió en su ayuda, recogió con cuidado el Sueño, lo encerró de nuevo en la cajita, como estaba antes, despertó a Psique y le dijo:

—Mira chiquilla, una vez más has sido víctima de tu curiosidad. Pero no pierdas tiempo, cumple con diligencia la misión que mi madre te ha encomendado; de todo lo demás me encargaré yo.

Dichas estas palabras, el alado dios del Amor levantó el vuelo y Psique llevó rápidamente a Venus el obsequio de Proserpina.

Entre tanto, Cupido, devorado por un exceso de amor y en rápido vuelo alcanzó la bóveda del cielo, presentó al gran Júpiter su súplica y consiguió de él no sólo la aprobación de su matrimonio, sino el perdón de Venus y la inmortalidad.

Bodas de Psique. Fresco de Rafael.

Mitos y leyendas de América

Sedna

Hubo en tiempos muy remotos, en el lejano país de los esquimales, una muchacha de extremada belleza, de nombre Sedna, hija única, la cual habitaba con su padre, viudo, a las orillas del mar. Llegada Sedna a la edad adulta, se divulgó hasta por países apartados la fama de sus singulares cualidades y de cómo la cortejaron los más distinguidos jóvenes de su tribu y de pueblos extranjeros; pero Sedna siempre se mostraba ajena al matrimonio, como si se complaciera en despreciar y atormentar a todos sus admiradores. Entre tantos, llegó un joven y apuesto cazador, ataviado

Xochipilli, dios azteca de la poesía,
del teatro y de la danza.

de preciosas pieles. Llevaba una lanza de marfil. Su embarcación se aproximó a la orilla; en vez de anclarla, la dejó balanceándose en las olas y, a corta distancia de la casa, empezó a llamar a la muchacha y a conquistarla con un canto seductor: "Vente conmigo –le decía– al país de los pájaros, donde jamás se conoce el hambre. Llevarás una vida descansada en mi cabaña, te sentarás sobre suaves pieles de oso; tu lámpara estará siempre llena de aceite; tu olla siempre llena de suculentas carnes y tu despensa bien abastecida de viandas...".

Sedna escuchaba con desdén la engañosa propuesta del extranjero. Pero tanto insistía el galán, que la bella joven quedó confusa. ¿No era su deber rehusar? El forastero empezó a implorar enardecido y le pintó con palabras a Sedna un cuadro encantador de su país; le ofreció los collares de marfil, que tenía destinados para ella..., y Sedna fue doblegándose por la seducción y lentamente se dejó arrastrar hacia el mar. Feliz el extranjero la hizo subir sobre su kayak y partió

El cazador era un espíritu-pájaro que, enamorado de Sedna, decidió tomar la forma humana.

veloz. Así se fugó la bella Sedna, sin que su padre volviera a verla sobre el acantilado donde se alzaba su cabaña.

El enamorado de Sedna no era ningún hombre; era un espíritu-pájaro, con la propiedad de tomar la forma humana, que quedó prendado de amor por la muchacha y desde luego que no le dejó conocer su verdadera naturaleza.

En cuanto Sedna supo la verdad, su desespero fue inmenso. En vano el esposo se esforzaba por vencer la repugnancia de la muchacha; ella ya no podía amar a su seductor, y pasaba los días llorando y lamentándose.

Angusta, el padre de Sedna, no podía consolarse por la desaparición de su hija. Un día tuvo el acierto de viajar en busca de ella por la costa lejana adonde fuera conducida con engaño. Cuando llegó, el espíritu-pájaro no estaba. Halló a su hija en una terrible desesperación, la estrechó entre sus brazos y la llevó a su barca, emprendiendo de inmediato el regreso a su país natal.

Cuando regresó a su casa, el espíritu-pájaro buscó en vano a su esposa; unos gritos misteriosos, llevados por los vientos, le pusieron al corriente de cómo su esposa se había ido con su padre, dando lamentos y desahogando la cólera reprimida. Sin pérdida de tiempo, el pájaro volvió a tomar la forma humana y en su kayak se lanzó en persecución de la fugitiva. No tardó en llegar a la vista de la embarcación donde huía Sedna con su padre, quien, al ver el fantasma, escondió a su hija debajo de unas pieles.

El perseguidor se aproximó resueltamente a la barca, reclamando a su esposa. Le decía a Angusta: "Déjeme ver a Sedna, se lo ruego, déjeme verla". Pero el padre, indignado, no quiso hacer caso del fantasma y aceleró la marcha.

Furioso el espíritu-pájaro, se detuvo. Había fracasado. Sedna lo rechazó. Entonces dando un aletazo, el fantasma se transformó en pájaro. Desplegando sus potentes alas, pasó volando por encima de los fugitivos,

El viejo y el perro se unieron con Sedna en las profundidades del océano.

lanzó el grito peculiar del gran somormujo y después desapareció en las tinieblas. De repente, se oscureció el cielo y empezó la más terrible tempestad. Sobrecogido de espanto, el padre de Sedna sentía miedo del hombre-pájaro y se le oprimía el corazón. Horrorizado por haber ofendido a las ocultas tempestades del cielo y de la tierra, estaba dispuesto a cumplir el más doloroso rito. Las olas embravecidas reclamaban el sacrificio de Sedna: debía acceder a su demanda. Inclinándose hacia delante, levantó en sus brazos a su hija, tan amada, y con todas sus fuerzas la lanzó fuera de la barca.

El rostro triste de Sedna apareció una y otra vez sobre las olas, hasta que desapareció definitivamente. De sus restos se originaron las focas, las morsas y las ballenas.

Sin dificultad, la barca arribó a la orilla. Ya en casa, el padre agobiado por la tristeza cayó en un sueño profundo. El perro de Sedna estaba amarrado en su tienda.

Durante la noche, sobrevino una extraordinaria marea que derrumbó gran parte de la ribera, hundió en el mar la casa con sus dos habitantes. El viejo y el perro se unieron con Sedna en las profundidades del océano. Desde entonces reina sobre una vasta región denominada Adliden, un lugar donde las almas, después de la muerte, son encarceladas para expiar las faltas cometidas en vida. La duración de esta condena depende de la gravedad de las culpas: puede ser temporal o eterna.

Los habitantes pescan y navegan solamente en el río de la derecha. El río de la izquierda es un misterio...

EL POLIFEMO DE ALASKA

En el estrecho de Bering, a 80 kilómetros de la costa de Alaska, se levanta sobre la superficie del mar una isla peñascosa, regada por dos ríos que nacen en unas montañas lejanas. Los habitantes pescan y navegan solamente en el río de la derecha. El río de la izquierda es un misterio; ninguno de los que subían por sus aguas regresaba, y el temor de correr igual suerte ahuyentaba en los pescadores el ansia natural que tenían de descifrar el enigma.

En el pueblo, había dos hermanos huérfanos que vivían con su abuela, de diez años el menor y de quince el mayor. Un día, sin decirle nada a su abuela, empuñaron los remos y dirigieron aguas arriba la barca por el río de la izquierda, con el fin de descubrir el paradero de sus antepasados. Cuando llevaban remando varias horas y el pueblo se había perdido de vista, al pequeño le entró miedo y quiso volver, pero el mayor, sin dejarse conmover por las lágrimas de su hermanito, remaba y remaba sin descanso, hasta que al caer la tarde, solos y abandonados, le entró miedo también. Decidieron regresar. Trataron de virar, pero la barca no obedecía; soltaron los remos, mas la barca subía contra la corriente. Lloraron y gritaron; todo era inútil.

Cuando llegó la noche, la barca se acercó a la orilla y se detuvo entre unos peñascos. Entonces vieron salir de las rocas a un gigante, encorvado por el peso de los años, barba blanca y cabeza calva, y, éste, alumbrándolos con un candil, les dijo:

—Vengan hijos míos, y no teman; yo estoy aquí para orientar a los que navegan por estas soledades.

Los niños saltaron a tierra y el anciano los condujo a una profunda gruta, tenuemente iluminada. Cuando ya estaban dentro, el anciano levantó una piedra enorme y, con ella, a modo de puerta, cerró la entrada.

—Siéntense y den reposo a sus cansados miembros, hasta que yo alivie sus sufrimientos, pues mañana al amanecer me los comeré en un rico desayuno —les dijo y se tendió en el suelo y se quedó dormido.

El hermano mayor, que sabía que si no hacía algo morirían al amanecer, con un cuchillo dio muerte al gigante. Luego trató de remover la piedra, pero como no pudo, comenzó a rozarla con el cuchillo hasta que logró abrir un boquete por el que salieron de aquel tenebroso lugar. Como aún era de noche, se sentaron a esperar la llegada del alba. Cuando ésta lo iluminó todo, vieron un montón de calaveras y cerca de 200 barcas que escoltaban a la suya. Saltaron sobre su barca —que ahora bajaba con la velocidad del rayo— y pronto dieron cuenta a sus paisanos de lo sucedido.

Desde aquel día, los pescadores se pasean en sus barcas por el río, despreocupados y sin temores ni sobresaltos.

ATAENTSIC

Por encima de la bóveda del cielo existió desde el principio de los tiempos otro mundo semejante al nuestro, donde había guerreros que, como los de la tierra, de día cazaban y en la noche descansaban en grandes bohíos. Nació allí una niña, llamada Ataentsic, poco después de muerto su padre. El cadáver de éste quedó expuesto en un lujoso lecho, y la niña se acostumbró a ir a verle y hablarle.

Cuando se hizo joven, el padre le ordenó emprender viaje a través de los dominios del "Gran Señor que posee la tierra", para casarse con éste. En el viaje, la muchacha tuvo que superar muchos peligros para llegar a la mansión del Gran Señor, edificada cerca del Gran Árbol del Cielo. Una vez en la mansión, fue sometida a numerosas pruebas, antes de convertirse en la esposa del Gran Señor. Pasaron los días, y en cuanto el marido la vio encinta, se apoderaron de él los más feroces e injustificados celos contra el Dragón de Fuego. Ataentsic dio al mundo una niña, que nombró Soplo de Viento. Todos los representantes de los seres de la creación se dirigieron a la presencia del Gran Señor y celebraron consejo. La Aurora Boreal, adivinando los celos del esposo de

Cuando se hizo joven, el padre le ordenó emprender viaje a través de los dominios del "Gran Señor que posee la tierra".

Ataentsic, le aconsejó arrancar de cuajo el Gran Árbol del Cielo; así se hizo y quedó abierto un profundo abismo, en el cual el Gran Señor arrojó a su esposa y a su hija.

Cayó Ataentsic del firmamento y, mientras atravesaba la atmósfera, se dio cuenta de que por ninguna parte había tierra sino un inmenso lago azul. Al mismo tiempo, los animales acuáticos que habitaban en el lago, al notar cómo bajaba del cielo aquel cuerpo, se lanzaron decididos al fondo de las aguas a buscar tierra.

La nutria y la tortuga fracasaron en su cometido; sólo la rata almizclera tuvo éxito, al depositar sobre el dorso de la tortuga toda la tierra que logró acarrear. El caparazón de la tortuga se agrandó inmediatamente, hasta formarse de ella la tierra firme. En este suelo se posaron los pies de Ataentsic, transportada en las alas de los pájaros.

Cuando su hija Soplo de Viento llegó a edad adulta, recibió una noche la visita del Amo de los Vientos y, a su tiempo, dio a luz a dos mellizos, Loskea y Tawiscara. Como ellos se detestaban y combatían antes de nacer, causaron la muerte de su madre. De su cuerpo, Ataentsic formó el Sol y la Luna, aunque sin ubicarlos todavía en el firmamento. Tawiscara persuadió a su abuela de que sólo Loskea causó la muerte de su madre, y en consecuencia, lo expulsó.

Loskea buscó refugio en casa de su padre, el Amo de los Vientos, quien le regaló un arco, flechas y maíz y le otorgó el señorío de la manutención animal y vegetal. Loskea empezó a crear todas las diferentes especies de animales. Después de vencer al jorobado Hadui, causa de todas las enfermedades, le arrancó el secreto de la medicina y el uso ritual del tabaco. Le hurtó a Ataentsic y a Tawiscara el Sol y la Luna y los dejó que siguieran su carrera libremente por el cielo.

Por último, Loskea creó al hombre. Tawiscara pretendió imitarle, pero sólo producía monstruos. Después de un tiempo, fue desterrado por su afortunado hermano.

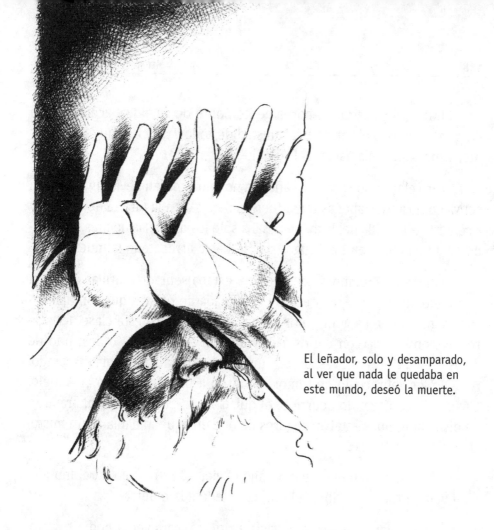

El leñador, solo y desamparado, al ver que nada le quedaba en este mundo, deseó la muerte.

EL TABACO
DE LA MONTAÑA AZUL

Hace mucho tiempo, una familia de leñadores vivía junto a un lago. Eran muy felices. Los dos niños, los más bellos de esos bosques canadienses, no tenían diez años cuando una horrible epidemia se desató en el país, y los infantes murieron. La pobre madre no pudo sobreponerse a esta pena y falleció poco después. El leñador, solo y desamparado, al ver que nada le quedaba por hacer en este mundo, deseó la muerte. Sin embargo, el tiempo fue cicatrizando sus heridas y aliviando su dolor, y decidió consagrar lo que le restara de vida a hacerle el bien a sus semejantes.

Trabajó y se sacrificó por la gente pobre de su aldea, acciones con las que conquistó el cariño y la amistad de todos. Se hizo muy popular y fue respetado; le llamaban "el Abuelo".

Pero el tiempo pasó y los años ya no le permitían llevar una vida tan activa como antes; apenas tenía fuerzas para salir a la puerta de su casa y a sentarse a la orilla del lago. Se pasaba solo los días y las noches, pensando en su familia y en los amigos que le había arrebatado la muerte.

Un día que, como de costumbre, estaba sentado a orillas del lago, pensando, de repente, apareció una bandada de pájaros que emitían extraños graznidos. La gente, por no haber visto nunca esta clase de pájaros, los observaba con curiosidad, y ante el asombro de todos, uno de éstos cayó a tierra atravesado por una flecha que nadie había disparado. Aquello los sobrecogió de temor, y fueron a pedirle consejo al Abuelo. Cuando le contaron lo ocurrido, él quiso ver el pájaro muerto. Trataron de disuadirlo, pues estaban seguros de que en aquello había algún misterio o algún maleficio.

—No me hará ningún daño —dijo el viejo—. Estoy solo en el mundo, y mi vida ya toca a su fin; no le tengo miedo a la muerte.

Y fue a ver al pájaro, que yacía en tierra, para ver si podía curarlo.

Cuando se acercó al animal, de repente bajó del cielo una llamarada que redujo el pájaro a cenizas. El viejo escarbó entre éstas con el bastón y descubrió un carbón encendido. Al poco rato, despareció la brasa, y en su lugar surgió una figura de niño del tamaño del dedo pulgar.

—¡Hola, abuelo! —dijo el niño—. Vengo para ayudarlo. Soy uno de los pobladores de la montaña Azul y le traigo un regalo. Ya está viejo; no tiene a nadie que le haga compañía, y la soledad es mala compañera. El regalo que le traigo le ayudará a soportarla mejor; usted ha sido un hombre bueno durante toda la vida y se lo merece.

Y le mostró un puñado de semillas, diciéndole:

—Siémbrelas en seguida sobre estas cenizas.

El viejo obedeció y, acto seguido, las semillas se convirtieron en unas plantas de hojas grandes; poco después, aquel lugar donde había muerto el pájaro quedó convertido en un gran campo de tabaco.

Entonces el niño del encantamiento le entregó una pipa y le dijo:

—Seque estas hojas, métalas en la pipa y después fúmelas. El tabaco le ayudará a pasar el rato; cuando esté solo le hará compañía y además le ayudará a soñar. Enséñeles el uso del tabaco a los demás.

Profundamente conmovido, el viejo le dio las gracias, y al momento el niño desapareció y ya nunca más se le ha vuelto a ver. Con su pipa y su tabaco, el viejo pasó mejor el resto de sus días.

Y así fue como los indios del Canadá conocieron el tabaco, hace ya, naturalmente, mucho tiempo.

Cuando esté solo, el tabaco le hará compañía y le ayudará a soñar.

... y si el golpe es fuerte, entonces se ve caer sobre la Tierra encendido un rayo.

TLALOC

El soberano creador Ometecuhtli creó varios cielos para morada de sus más importantes criaturas. Los dos cielos supremos, llamados Omeyocán, eran la habitación del misterioso y duplicado Ometecuhtli. Los hombres de las tres primeras etapas de la humanidad pudieron haber aspirado a subir, después de la muerte, al tercer cielo o al cuarto o quinto, pero por las tres horrendas catástrofes con que fueron castigados C'atona-tiuh y Tletonatiuh, perdieron todo derecho a ir a los cielos altos, los cuales quedaron desde entonces reservados como mansión eterna de los dioses.

En cambio, Ometecuhtli fabricó el sexto cielo, y a continuación todos los demás cielos sidéreos y atmosféricos, hasta el número trece. El sexto cielo era invisible en la parte en que moran los muertos, pero visible e imponente en la región donde se encierran las tempestades. Los soberanos del sexto cielo era Mietlantecuhtli, el Señor de la Mansión de los Muertos, y Tlaloc, el dios de las tempestades.

Tlaloc tiene figura de hombre de bella apariencia, coronado con diadema de plumas blancas y verdes, con su larga cabellera desparramada sobre la espalda; lleva al cuello un collar verde y su túnica azul está adornada de flores; empuña en la mano derecha una lámina de oro aguzada y ondulante, símbolo del rayo, y pende del brazo derecho el chimolli, o escudo, profusamente adornado con plumas rojas, azules, verdes y amarillas.

La esposa de Tlaloc, Chalchiulicue, la de falda azul, es la diosa de los mares y de los lagos, de los ríos y de los torrentes. En el patio del inmenso palacio de Tlaloc hay cuatro enormes cubas llenas de agua: una con las lluvias fertilizadoras; otra, con la nieve; en las otras dos están las lluvias maléficas, como las lluvias tempestuosas y las extemporáneas. Tlaloc es el creador de las Tlaloques, las nubes que en una mano llevan un largo bastón y en la otra un cántaro para sacar agua de las inagotables cubas. Cuando Tlaloc les da la orden de llover, todas de una vez vierten sobre los campos el agua de los cántaros; cuando golpean con los palos los cántaros, truena; y si el golpe era fuerte, que saltaba roto algún casco de cántaro, entonces se ve caer encendido un rayo sobre la Tierra.

... todas las nubes, de una vez, vierten sobre los campos el agua de los cántaros...

LA TORRE DE LOS GIGANTES

En tierras aztecas y mayas existió una raza de gigantes, los Quisrames, raza poderosa y, por lo mismo, soberbia, la cual fue en inteligencia, cultura y armas superior a cuantas razas la rodeaban, por lo que a todas redujo a su servidumbre. Vivían entregados a los mayores excesos y vicios.

Los Quisrames existieron antes de la gran inundación ocurrida cuatro mil años después de la creación del mundo. En ella perecieron la mayoría de los gigantes y otros fueron convertidos en peces. Sólo se salvaron siete, los cuales se albergaron en las cavernas.

Al retirarse las aguas, uno de los gigantes salvados de nombre Xelhua, apodado también el Arquitecto, construyó en Cholula, en recuerdo de la montaña de Tlalve, donde él y sus seis compañeros se habían salvado del

Existió una raza poderosa y soberbia, la cual fue en inteligencia, cultura y armas superior a cuantas razas la rodeaban...

diluvio, una colina artificial, en forma de pirámide, cuya cima debía llegar hasta el cielo. Los ladrillos los fabricó en la tierra de Tlamanalco, al pie del monte Cototl, y los transportó a Cholula, por medio de una hilera de hombres que se los pasaban de mano en mano.

Irritados los dioses por la audacia de Xelhua, lanzaron fuego del cielo contra los soberbios constructores, mataron a muchos y paralizaron la obra que quedó inconclusa y más tarde fue consagrada al culto de Quetzalcóatl (serpiente emplumada), divinidad que enseñó a los pueblos la agricultura, el trabajo de los metales, las artes y el calendario.

La divinidad Quetzalcóatl, serpiente emplumada, enseñó a los pueblos la agricultura, el calendario, el trabajo de los metales y las artes.

... salió de la tierra una viejecita con un bastón en la mano, con el que hizo que crecieran todos los árboles talados.

NACAHUE

En los antiguos tiempos, un indio quiso talar un pedazo de tierra para sembrar, pero lo que talaba cada día crecía de nuevo a la mañana siguiente.

Al quinto día, quiso descubrir a qué se debía tan extraño suceso, y después de haber cortado algunos árboles, esperó. Al poco rato salió de la tierra una viejecita con un bastón en la mano, con el que, apuntando a los cuatro puntos cardinales, hizo que nacieran de nuevo y crecieran como estaban primero, todos los árboles talados. La anciana era Nacahue, la diosa de la tierra, que hace brotar la vegetación. Después se dirigió al indio y le dijo que su trabajo era inútil, pues antes de cinco días sobrevendría un gran diluvio, cuya aproximación se adivinaría por un viento fuerte que le haría toser.

Le aconsejó que fabricara una caja de madera y en ella guardara cinco granos de maíz de cada color, cinco semillas de fríjol, también de distintos colores, cinco bejucos de calabaza, para atizar el fuego, y además, una perra negra; y que después se encerrara en la caja con todo. Así lo hizo el indio, y Nacahue cuidó de cerrar la tapa bien ajustada y se sentó encima con una guacamaya al hombro.

Todo sucedió puntualmente, tal como la diosa le había anunciado. Durante cinco años, la caja flotó sobre el agua en todas direcciones y al sexto comenzó a descender, deteniéndose sobre una montaña, cerca de Santa Catalina, en Jalisco, donde puede verse todavía.

Cuando el indio salió de la caja, la tierra seguía cubierta de agua; pero la guacamaya la dividió con su pico en cinco mares. El suelo pudo secarse y nuevamente se revistió de vegetación.

Nacahue regresó al cielo, y el indio siguió viviendo en la tierra, acompañado solo de la perra. Cuando por las noches regresaba de su trabajo, hallaba siempre preparadas unas tortas sabrosas, en su cabaña. Un día se quedó acechando para descubrir el misterio, y pudo ver cómo la perra se quitaba la piel, cual si fuese un disfraz, y se convertía en una mujer hacendosa, que luego se ponía a preparar la comida. Entonces el indio se apoderó de la piel y la arrojó a la candela; y sin hacer caso de los gritos de la mujer, la refrescó a ella con el agua del manantial. Desde entonces no volvió a tomar forma perruna, vivió con él, y los numerosos hijos que tuvieron poblaron toda la tierra.

Durante cinco años,
la caja flotó
sobre el agua...

... sus aguas,
siempre quietas,
reflejan los altos árboles...

LIZOULI

En el valle de Anahuac, está el lago Mexi. Por hallarse en un claro del bosque, sus aguas, siempre quietas, reflejan los altos árboles del contorno y adquieren un color verde oscuro misterioso.

Una noche de luna llena se acercó al lago una muchacha, de ojos grandes y trenzas negras. Era Lizouli, que venía ensimismada. Sólo miraba a la Luna, Metzi —la diosa de los enamorados—, y lloraba. Por eso buscaba la soledad. Andaba lentamente por la orilla, Sus pies se enterraban en el fango... y el agua subía lenta, suave, hacia Lizouli. La muchacha se hundió sin un movimiento; primero, sus brazos, sus hombros, su cuello... y los ojos de Lizouli, que miraban a la Luna, abiertos desde abajo del agua. Luego... la masa verde del agua cubrió su cuerpo y la negra cabellera de Lizouli.

La muchacha, muerta, cayó al fondo de la laguna. Era el dominio de Tlaloc, el dios de las aguas, de la humedad, de los bosques y de la tormenta. Y cuando sus ondinas vieron a Lizouli, la recogieron y la volvieron a la vida en el fondo de una gruta, por orden de Tlaloc.

Lizouli despertó como en sueños y contó su historia, una historia triste de amor abandonado. Mientras hablaba, vio que Tlaloc sonreía; sonreía, como solía hacerlo en las tormentas para llamar a Tonatiuh (el Sol) y conseguir que saliera el arco iris.

Para que Lizouli olvidara sus recuerdos, el dios de las aguas la convirtió en sirena y la devolvió al lago.

Desde entonces, en las noches de luna, se oye en el lago Mexi una voz dulce, que cautiva a los pescadores. Algunos, locos de súbito amor, se tiraban al agua y nadaban durante horas para alcanzar a Lizouli, hasta que, agotados, se ahogaban.

Pero una noche, mientras Lizouli cantaba, vio lanzarse al lago y nadar hacia ella a su antiguo amor. Al verle, recobró de pronto la memoria y nuevamente el amor tornó a convertir a la sirenita en mujer. Cuando vio que, desfallecido iba a dejarse morir, Lizouli le tendió los brazos y juntos se hundieron en el lago.

Al día siguiente, los pescadores hallaron en la orilla los dos cuerpos unidos en un abrazo. La muerte no destruyó su belleza. Los dos tenían una sonrisa en los labios y parecían dormir.

Desde entonces, en las noches sin luna se ven en los bosques del Mexi dos sombras que sonríen, paseando como dos enamorados. En primavera, las muchachas de la región recogen las blancas flores del borde del lago; son lágrimas de Lizouli y se las prenden en el pelo para que su amor les sea eternamente fiel, como el de Lizouli.

LOS ORÍGENES
QUICHÉS

En los orígenes del mundo, todo estaba debajo del agua; por encima de todo se elevaban Gucumatz (dios civilizador y agricultor) y Hurakán (dios del ciclón y de las tempestades), los cuales dan la vida. Ellos dijeron "¡Tierra!" y al punto la tierra fue creada. Del agua se alzaron las montañas, entre el regocijo con que Gucumatz felicitó por ello a Hurakán. La tierra se cubrió de vegetación y los dos creadores la poblaron de animales, a los cuales mandaron que les tributaran homenaje. Mas ellos, como no podían hablar, rugieron, aullaron y silbaron, sin que pudieran hacerse comprender. En castigo, los dioses decretaron que fueran cazados y comidos.

Después hicieron hombres de arcilla, que no podían menear la cabeza, ni hablar, ni entender. En vista de eso, fabricaron hombres de madera; pero como también carecieran de inteligencia y corazón, para conocer a sus hacedores, éstos los destruyeron. Con todo, siempre lograron algunos sobrevivir, y son los micos de las selvas.

Tras larga deliberación, Hurakán y Gucumatz resolvieron formar cuatro hombres de maíz amarillo y blanco, y como les parecieron demasiado perfectos, les acortaron la vista. Mientras los hombres dormían, los dioses crearon cuatro mujeres. Hombres y mujeres se lamentaban de no ver claro, como quiera que aún no había aparecido el Sol, y partieron hacia la región del Tollán, en donde adquirieron el conocimiento de sus dioses. Allí hacía mucho frío y, a sus ruegos, Tohil (Hurakán) les donó el fuego. A todo esto, el Sol no aparecía y la tierra resultaba húmeda y fría. Su lenguaje se volvió extraño y ya los cuatro progenitores originarios no pudieron entenderse más. Entonces, conducidos por Tohil, abandonaron el país de Tollán y llegaron a la tierra de los quichés. Aquí, por fin, apareció el Sol, seguido en breve de la Luna y las estrellas. Animales y hombres, en jubiloso transporte, cantaron un himno a los dioses y les ofrecieron en homenaje la sangre de sus orejas y de sus espaldas.

Y brotó fuego de la tierra
y todos se regocijaron.

TOHIL

Los cuatro caudillos toltecas eran Balam-Quitzé, Balam-Agab, Mahucutah e Iqui-Balam; y cada uno de ellos levaba consigo su dios respectivo. El dios de Balam-Quitzé era Tohil, considerado el Sol o el creador del fuego. Las tradiciones mayas aplican los nombres de los cuatro caudillos toltecas a los cuatro sacrificadores mayas.

–Ten piedad de nosotros –clamaban las tribus–; no tenemos fuego, y nos estamos muriendo de frío.

–No se aflijan –contestó el dios Tohil–, tendrán fuego, pero se extinguirá.

–¡Oh dios, nuestro sostén, tú que nos alimentas y amparas, danos fuego!

–Está bien –dijo Tohil–, verdaderamente yo soy su dios y señor.

Y brotó fuego de la tierra y todos se regocijaron.

Pero sobrevino una tempestad con truenos y centellas; la nieve apagó el fuego, y otra vez los hombres fueron víctimas del frío.

—¡Ah, Tohil —exclamaron—, ten piedad de nosotros, pues nos morimos de frío!

—Tengan esperanza —respondió Tohil.

Y golpeando el suelo con el pie, hizo brotar de nuevo el fuego.

Una de las tribus fue a reunirse con las de las montañas, y al ver el fuego de Tohil, que brillaba en el campamento, enviaron emisarios pidiéndoles el precioso elemento. Mas, por haber mudado su lenguaje en el tiempo de la separación, no pudieron entenderse unos a otros, lo cual causó gran pesar a los recién llegados, quienes tuvieron que regresar sin el deseado fuego.

De repente, se apareció ante los sacrificadores un mensajero de Xibalba en forma de murciélago.

—Éstos han de ser verdaderamente nuestros dioses —les dijo, mostrándoles los ídolos de Tahil, Awilix y Gagaritz—. No den fuego a las tribus que se lo pidan sin implorar antes el beneplácito de Tohil; él les dirá si pueden hacerlo. Yo soy el enviado de su Creador.

De nuevo se presentaron los comisionados de las tribus separadas, tiritando de frío, cubiertos de nieve, tristes y cabizbajos, y dirigiéndose a Balam-Quitzé y a los demás sacrificadores, les hablaron de esta manera:

—¿No tienen piedad de nosotros, que venimos a pedirles un poco de fuego? ¿Acaso no procedemos todos de la misma familia y no nacimos todos en una misma patria?

Silenciosos permanecieron los cuatro sacrificadores; hasta que al fin dijeron:

—¿Qué nos darán a cambio de nuestra compasión?

—Oro —respondieron los emisarios.

—No lo necesitamos. El mismo Tohil dirá lo que deben darnos.

Y Balam-Quitzé, Balam-Agab, Mahucutah e Iqui-Balam interrogaron a su dios:

—¡Oh, Tohil! —dijeron— ¿qué deben darnos las tribus que piden fuego?

—Que me den el corazón —respondió la deidad— y los tomaré y seré su Tahil; de lo contrario, no tendrán fuego.

Sabedoras las tribus de la respuesta de Tohil, dijeron:

—Está bien; nos uniremos a ustedes y les obedeceremos en todo.

Entonces les dieron fuego y pudieron calentarse.

En adelante, aquellas tribus sufrieron la inhumana ley de suministrar anualmente las víctimas humanas para los sacrificios en honor a Tahil. Con la protección de Tohil, o con la astucia de sus sacrificadores, el pueblo quiché alcanzó durante el siglo XII la supremacía sobre cuantos moraban en las regiones de Guatemala.

... Entonces les dieron fuego y pudieron calentarse...

TABARARÉ

Tabararé era un gran jefe de origen cuna, en la región del Istmo de Panamá. Sus tierras magníficas estaban regadas por un río hermoso de muchas aguas, el San Pablo de hoy, al cual todos los súbditos veneraban.

Generoso, valiente, fuerte, hermoso de rostro y de marcial presencia, Tabararé era respetado por sus vasallos que vivían felices y contentos con su gobierno y con los bienes que su dios, el río, les había dispensado.

Jamás en sus villas se sintió el azote del hambre. Los campos cultivados con amor producían siempre óptimas cosechas; cosechas que el teba honrado y justo repartía equitativamente. La abundancia y el bienestar se advertían por todas partes y el odio y la violencia eran desconocidas en este pequeño paraíso.

Así transcurrieron muchos días; y muchas lunas pasaron también derramando su luz acogedora y blanca en esas tierras privilegiadas; y las gentes ignorantes de lo que la celeste deidad guardaba para ellas, gozaban jubilosas su plácida existencia.

... valiente, fuerte, hermoso de rostro y de marcial presencia, Tabararé era respetado por sus vasallos que vivían felices con su gobierno...

Todos, hombres y mujeres, eran amigos de las fiestas, de las comilonas y las borracheras de chicha. Pero como si estuvieran protegidos por un misterioso poder, jamás las pasiones provocadoras de violencia tuvieron su asiento en los sencillos corazones de los súbditos de Tabararé. Mas, de pronto, como si la divinidad se hubiese cansado de mandar sus dones y mostrarse benevolente con sus adoradores, vinieron desgracias tanto más terribles cuanto que no eran esperadas. Llegó un invierno riguroso y cruel que nunca se había visto. Densas nubes negras oscurecieron el sol por muchos días y el agua cayó constante, fría, inclemente, hasta empapar el corazón mismo de la tierra. El dios antes amable y generoso que sólo parecía complacerse en las ingenuas ofrendas de la sencilla gente, se vía ahora ansioso de gustar cruentos holocaustos.

Furioso se salió de madre; inundó con fiera saña los campos cultivadores, torció de curso, arrancó los árboles desde sus raíces y arrastró en su ira las casas, los animales y las personas. Arrasó todo cuanto encontraba al paso.

Desesperados los indios no sabían qué hacer. Tabararé no hallaba recursos para detener la avalancha de horrores que sin saber por qué había caído sobre ellos.

—¿Por qué nos castigas Gran Señor? —le decía al río—. ¿En qué te hemos ofendido? ¿Por qué deseas destruir a los que tan reverente y humildemente te servimos? ¿Cuál es nuestro delito? ¿Por qué nos acostumbraste a tantos bienes, si ibas a quitárnoslos de esta forma ingrata e inmerecida? ¡Mira a tu pueblo! ¡Apiádate de él! ¡Dinos siquiera en qué te hemos faltado!

Pero el río, sordo al implorante lloro, sordo a sus sentidas voces, insensible al dolor de Tabararé y al de la tribu, continuaba colérico destruyendo caseríos, derribando los árboles y arbustos, haciendo morir a cientos de personas.

Desesperado, angustiado, enloquecido, Tabararé iba de un lado a otro tratando de buscar un alivio para tantos males; pero nada calmaba las celestes iras. En su pena y en su desesperanza, el teba se creyó culpable. Creyó que había pecado; que había hecho algo tan monstruoso, que no había para él castigo suficiente para pagarlo y que por esta causa el dios enviaba a los suyos la ruina y la miseria. Mas, ¿cómo y de qué forma había delinquido? Lo ignoraba. Pero tenía que ser así y en un arrebato de desesperación y de dolor, se propuso expiar su desconocida falta.

Reunió a su pueblo y con voz que la emoción velaba, les comunicó que iba a abandonarlos.

—Me voy —les dijo—. He cometido un gran delito. Por mi culpa la tribu ha sido castigada. Debo y quiero pagar mi crimen a la divinidad ofendida. Por eso tengo que dejarlos. Pero estaré siempre aquí —añadió al ver los rostros de sus fieles, estremecidos por el dolor, la sorpresa y la protesta—. Para librar a la tribu de desgracias mayores, me entregaré como ofrenda a nuestro dios. Entregaré mi vida a la deidad a cambio del perdón.

Su gene gimió desconsolada.

—¿Cómo has de irte? ¿Por qué? No podemos aceptar tu sacrificio. Tú eres bueno y no has podido cometer ningún pecado. Nosotros te amamos y no te dejaremos ir. Nuestro cariño y nuestras súplicas templarán la cólera de la divinidad. Si tú quieres morir todos te acompañaremos, porque si has pecado, nosotros también lo hemos hecho.

—No... Ustedes deben permanecer aquí. Así lo ordeno. Nada puede aplacar la cólera de los dioses, salvo la expiación de quien delinque. El culpable soy yo, y debo morir.

Fueron vanas las súplicas y los suspiros para el que había resuelto sacrificarse por su pueblo.

Una tarde, cuando el Sol ponía en el cielo sus tonalidades de oro y las estrellas empezaban a salir de entre sus tules, Tabararé, seguido de un cortejo acongojado y silencioso, salió del caserío. El teba levantaba arrogantemente la cabeza; y sus ojos negros parecían lanzar misteriosa luz. En el pecho y en los brazos musculosos centelleaban los collares y brazaletes de oro usados en las grandes ceremonias; y el cintillo del mismo metal que rodeaba su cabeza, lo aureolaba de extraños fulgores. Tranquilo y sereno, Tabararé iba hacia la muerte como a un festín.

Un instante, sin embargo, sus labios severamente plegados temblaron un poco. La masa humana se había abierto para dar paso a una mujer que con un niño de la mano, se abalanzaba hacia él. La mujer cayó de hinojos abrazándole las piernas. Sollozando sentidamente le decía:

—¡Vuelve, vuelve, Tabararé! ¡Vuelve o llévame contigo!— el teba, sintió que su pecho se rompía a impulsos de emoción. Habría querido tomar en sus brazos, recostar sobre su pecho a la adorada y al hijo fruto de ese amor. Vaciló un momento, pero se sobrepuso con heroico esfuerzo al sentimiento que lo llevaba a levantar a la que yacía a sus pies. A la mujer que lo era todo para él.

"No, no puedo hacerlo" se dijo. "Si me dejo vencer por la pasión, todo está perdido. Tengo que ser fuerte por ella, por el niño y por mi pueblo".

Su corazón se desangraba en una agonía espantosa, pero no bajó la cabeza para mirar a la desconsolada, ni movió las manos para acariciar el rostro adolorido.

—Apártenla —dijo simplemente.

Apretó aún más los labios y siguió lento, con su cara que parecía una máscara de piedra, hacia la orilla del río.

El tambor resonaba lúgubremente y cada uno de los allí congregados sentía que era su propia alma en donde se golpeaba. Las mujeres lloraban y en quejumbrosos tonos daban rienda suelta a su dolor inmensurable, mientras que los hombres, viejos compañeros y amigos del teba, sus vasallos, sus criados y esclavos, dejaban correr por sus acongojados rostros, incapaces de contenerlos, gruesos lagrimones de pena y de impotencia.

Tabararé se acercó a la impetuosa corriente que rugía y se encrespaba desafiante y poco a poco, en medio de los suspiros, los sollozos y la

desesperación incontrolables de sus tristes vasallos, fue adentrándose
en el seno de la cruel divinidad que envolvió en su oscuro manto, el
robusto cuerpo y la cabeza altiva. Por un instante se vio una de sus manos que hacía a los suyos un gesto de adiós; después nada, sólo el bullir
de las aguas inquietas y agitadas.

Mas, ¡oh prodigio! La corriente un poco antes amenazadora, ru-
giente, desbordada, cedió. Lentas y tranquilas corrieron las aguas por su
cauce natural.

Reverdecieron los campos; se fortaleció el corazón de la tierra;
florecieron las plantas; brilló esplendorosamente el Sol en los dominios
de Tabararé. Pero cuentan que todos los años en los meses de octubre y
noviembre, cuando el invierno se torna
más despiadado, se ve flotar un bulto en
el San Pablo. Desaparece cuando alguien
se acerca y no vuelve a salir. Y la gente
vieja, que todo lo sabe y todo lo adivi-
na, asegura que es el indio Tabararé,
que desde las profundidades viene a
contemplar los campos amados por
los que murió.

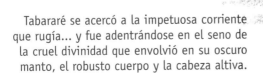

Tabararé se acercó a la impetuosa corriente
que rugía... y fue adentrándose en el seno de
la cruel divinidad que envolvió en su oscuro
manto, el robusto cuerpo y la cabeza altiva.

Cinco águilas blancas volaban un día por el azul del firmamento; cinco águilas enormes...

CARIBAY

Cinco águilas blancas volaban un día por el azul del firmamento; cinco águilas enormes, cuyos cuerpos resplandecientes producían sombras errantes sobre los cerros y montañas.

¿Venían del Norte? ¿Venían del Sur? Sólo se sabe que las cinco águilas blancas vinieron del cielo estrellado en una época muy remota.

Aquellos eran los días de Caribay, el genio de los bosques aromáticos, primera mujer entre los indios mirripuyes, habitantes de los empinados Andes venezolanos. Era hija del ardiente Zuhé y de la pálida Chía; y remedaba el canto de los pájaros, corría ligera sobre el césped, como el agua cristalina, y jugaba como el viento con las flores y los árboles.

Caribay vio volar por el cielo las enormes águilas blancas, cuyas plumas brillaban a la luz del sol como láminas de plata, y quiso adornar su coraza con tan raro y espléndido plumaje. Corrió sin descanso tras las sombras errantes que las aves dibujaban en el suelo; salvó los profundos valles, subió a un monte y otro monte; llegó, al fin, fatigada a la cumbre solitaria de las montañas andinas. Las pampas, lejanas e inmensas, se divisaban por un lado; y por el otro; una escala ciclópea, jaspeada de gris y esmeralda, la que forma los montes, iba por la onda azul del Coquivacoa.

Las águilas blancas se levantaron perpendicularmente sobre aquella altura, hasta perderse en el espacio. No se dibujaron más sus sombras sobre la tierra.

Entonces Caribay pasó de un risco a otro risco por las escarpadas sierras, regando el suelo con sus lágrimas. Invocó a Zuhé, el astro rey, y el viento se llevó sus voces. Las águilas se habían perdido de vista, y el Sol se hundía ya en el ocaso.

Aterida de frío, volvió sus ojos al Oriente, e invocó a Chía, la pálida Luna; y al punto detuvo el viento para hacer silencio. Brillaron las estrellas; y un vago resplandor en forma de semicírculo se dibujó en el horizonte.

Caribay rompió el silencio de los páramos con un grito de admiración. La Luna había aparecido, y en torno de ella volaban las cinco águilas blancas refulgentes y fantásticas.

Y en tanto que las águilas descendían majestuosamente, el genio de los bosques aromáticos, la india mitológica de los Andes moduló dulcemente sobre la altura su selvático cantar.

Las misteriosas aves revolotearon por encima de las crestas desnudas de la cordillera y se posaron, al fin, cada una sobre un risco, clavando sus garras en la roca viva; y se quedaron inmóviles, silenciosas, con las cabezas vueltas hacia el Norte, extendidas las gigantescas alas en actitud de remontarse nuevamente al firmamento azul.

Caribay quería adornar su coraza con aquel plumaje raro y espléndido, y corrió hacia ellas para arrancarles las codiciadas plumas, pero un frío glacial entumeció sus manos; las águilas estaban petrificadas, convertidas en cinco masas enormes de hielo. Caribay dio un grito de espanto y huyó despavorida. Las águilas blancas eran un misterio, pero no un misterio pavoroso. La Luna se oscureció de pronto, el huracán golpeó con siniestro ruido los desnudos peñascos, y las águilas blancas despertaron. Se erizaron furiosas, y a medida que sacudieron sus monstruosas alas el suelo se cubrió de copos de nieve y la montaña toda se engalanó con el plumaje blanco.

Éste es el origen de las sierras nevadas de Mérida, Venezuela. Las cinco águilas blancas son los cinco elevados riscos, siempre cubiertos de nieve. Las grandes y tempestuosas nevadas son el furioso despertar de las águilas; y el silbido del viento en el páramo es el remedo del canto triste y monótono de Caribay.

Caribay quería adornar su coraza con aquel plumaje raro y espléndido, y corrió hacia ellas para arrancarles las codiciadas plumas...

... era negro como un tizón; de temperamento huraño, huidizo y desconfiado; poco mujeriego, pero más feroz.

El Mohán

Conocido también como el Poira, es un gran perseguidor de muchachas casaderas que apenas han traspasado los umbrales de la pubertad.

Travieso, enamorado, libertino y raptor, les roba la tranquilidad a las jóvenes, las idiotiza, las emboba y las atrae hacia él con artificios.

Su figura varía con frecuencia de un lugar a otro; en algunas regiones, es un hombre pequeño, musculoso, de pelo candelo, barba hirsuta, también roja, ágil, vivaracho, y tan sociable que muchas veces salía a hacer mercado en compañía de los demás, porque en esa forma se daba cuenta de todo y podía actuar con más efectividad. Se le reconocía porque en sus compras nunca incluía la sal.

Es un espíritu invisible, que no toma ninguna forma, se escuchan sus risas, cantos y pesquerías y se conocen sus ataques pero nunca se le ve. Puede transformarse a su antojo, y así toma la forma de cualquier conocido pescador de la región y se mezcla en las faenas y veladas pesqueras sin ser reconocido.

Esto daba origen a muchas confusiones, en las que una persona resultaba estar en dos partes o no estar en donde se asegura; con esto los campesinos caen en la cuenta de que "el mechudo estaba con nosotros anoche, compadre".

En Coyaima, en las moyas de Colache, en el Saldaña, en las profundidades de las lagunas de Yaberco, Totarco y en los moyones de las Ánimas y Golondrinas, el Mohán era negro, tanto su piel como su espesa y larga pelambrera; era un oso negro como un tizón; de temperamento huraño, huidizo y desconfiado; poco mujeriego, pero más feroz.

Dueño de muchos encantamientos y guacas alrededor de los charcos que habitaba, tesoros que él en persona custodiaba, haciéndolos inconquistables.

Su mirada es maléfica y sus persecuciones muy funestas.

En otras regiones, en cambio, es un hombre de mediana edad, alto, de nariz aguileña, ojos negrísimos, larga y espesa barba y largos y abundantes cabellos con los cuales cubre su desnudez; sus manos finas, de largos dedos y afiladas uñas; boca grande, bien formada y dentadura toda de oro; con muchas alhajas en los dedos, de puro oro, y con piedras preciosas que brillaban en la inmensidad de las aguas. Habita un magnífico palacio construido de oro puro, en las moyas profundas, en los remolinos tenebrosos.

En los lugares en donde el Mohán mora no se encuentra fondo; las profundidades del Mohán no tienen fin. En ese palacio dorado de grandes salones iluminados con hachones se oye un continuo murmullo, una monótona música hipnótica.

La Patasola

El ser más terrible, sanguinario y endemoniado que perturbó jamás las mentes campesinas fue la Patasola.

Imperaba en las montañas vírgenes, donde no se oía el canto del gallo ni el ladrido del perro, ni mucho menos donde existiera ganado vacuno; donde vivían todavía el tigre y la danta y otros animales semejantes, pues este personaje es casi considerado una fiera o monstruo que tiene el poder de metamorfosearse a su antojo. Así, algunos dicen haberla visto como una mujer hermosísima que da grandes saltos para avanzar con la única pata que tiene; otros la describen como una perra grande y negra, collareja, de inmensas orejas; y otros como una vaca negra grande y torpe.

La Patasola fue una mujer muy bella, codiciada por todos, pero perversa y cruel que se dio a la disipación. Andaba y andaba haciendo

... le fastidian las excursiones con bueyes, caballos y otros animales amigos del hombre...

males con su hermosura pervertida. Para castigarla le amputaron una pierna y se la quemaron en una hoguera hecha con tusas de maíz.

La mujer murió a consecuencia de la mutilación, y desde entonces vaga por las montañas gritando lastimeramente en busca de consuelo y engañando siempre con sus lamentos al que la escucha, quien cree, al oír las voces angustiosas, que es una persona perdida en la espesura e ingenuamente contesta sus gritos, con los cuales la atrae y ésta termina por devorarlo.

Huye y se enfurece ante todo lo que se relacione con el ser humano; le fastidian los grandes aserríos en las montañas, los tambos, las trochas, las cacerías, las labranzas y las siembras, en especial de maíz, cerca de sus dominios; las excursiones con bueyes, caballos y otros animales amigos del hombre y todo aquello que trate de invadir sus lóbregos y abruptos territorios. Persigue a los hombres que maldicen en las montañas, a los cazadores que tienen la osadía de adentrarse en la espesura; a los aserradores, que por lo general pasan la noche en la montaña en toscos ranchos construidos junto al aserradero; a los mineros, a los que abren trochas y buscan maderas, y en fin, a todos los que por un motivo u otro violan las misteriosas soledades de la montaña.

Para protegerse de los ataques de la Patasola hay una oración especial, la cual conoce todo campesino que tiene que atravesar la montaña o que ejecuta alguna faena en ella:

Yo, como sí,
pero como ya se ve,
suponiendo que así fue,
lo mismo que antes así,
si alguna persona a mí
echare el mismo compás,
eso fue, de aquello depende,
supongo que ya me entiende,
no tengo que decir más.
Patasola, no hagas mal
que en el monte está tu bien.

Pero da la casualidad que al presentarse de improviso la fatídica aparición, sea por miedo o por alguna especie de hechizo, la oración se olvida por completo y la víctima se queda perpleja sin articular palabra. En este caso es aconsejable hacer un gran esfuerzo y con voz al grito pedir:

—¡El hacha!... ¡las tusas... y la candela!

Así, le recuerdan los tres objetos que sirvieron para la amputación y desaparición de su pierna.

Sus características de ataque son las siguientes: en lo más lejano y espeso de la montaña se oye un grito lastimero; si el que lo oye le contesta se oye uno más cercano e igual de triste. Una segunda contestación y el grito se oye ya muy cerca; a la tercera contestación la fiera se le aparece en cualquiera de sus formas, se lanza sobre la víctima, le chupa la sangre o lo devora.

Cuando ésta logra ponerse a salvo de su ataque, ya porque va favorecido por algún talismán o porque va rodeado de animales domésticos, se enfurece diabólicamente, origina de improvisto terribles ventarrones, hace bramar la montaña y temblar la tierra, desencadena tormentas de rayos y agua y destruye por completo los alrededores. La Patasola, así mismo, acaba con los sembrados aledaños a la montaña, puestos de aserríos, tambos y animales de corral que se críen en sus alrededores.

Muchos se salvaron milagrosamente en el último instante, metiéndose entre el ganado, bueyes o perros, con lo que la Patasola en medio de una confusión endemoniada de los elementos, grita desilusionada:

—Anda y agradece que te encuentras en medio de esos animales benditos.

La tormenta pasa y la aterrada víctima se libra milagrosamente de la muerte.

... no les quitaré los dos ríos porque los necesitarán, abriré una sierra por donde salgan las aguas y queden libres sus tierras...

BACHUÉ
Y LA CREACIÓN DEL MUNDO

Entre sierras y cumbres se forma una laguna muy honda, de donde a poco de amanecer y creadas las demás cosas, salió una mujer que llaman Bachué; sacó consigo de la mano un niño de unos tres años de edad, y bajando ambos de la sierra a lo llano donde ahora es el pueblo de Iguaque, hicieron una casa donde vivieron hasta que el muchacho tuvo edad para casarse con ella; porque luego que la tuvo se casaron, y la mujer resultó tan prolífica y fecunda que de cada parto tenía cuatro o seis hijos, y así se llenó toda la tierra de gente, porque andaban juntos por muchas partes dejando hijos en todas, hasta que después de muchos años, estando la tierra llena de hombres, y los dos ya muy viejos, se volvieron al mismo pueblo y llamando a mucha gente que los acompañara a la laguna de donde salieron, Bachué los exhortó a la paz y la conservación entre sí, la guarda de los preceptos y leyes que les había dado, en especial al culto de los dioses, y concluido se despidió de ellos con singulares clamores y llantos de ambas partes.

Indignado Chibchacum, trató de castigarlos anegándoles las tierras, para lo cual trajo de otras partes los ríos Sopó y Tibitó, y crecieron tanto las aguas del valle que se anegaron las labranzas y sementeras, sin desagüe por ninguna parte; el hambre causó estragos por no tener dónde sembrar y ser mucha la gente, por lo cual se determinó pedir el remedio al dios Bochica, ofreciéndole en su templo clamores, sacrificios y ayunos, después de lo cual, una tarde, reverberando el sol en el aire se oyó un ruido contra esta sierra de Bogotá, se hizo un arco en cuya clave y capitel se apareció resplandeciente el Bochica con una vara de oro en la mano y llamando a voces desde allí a los caciques principales, para que acudieran con brevedad con todos sus vasallos; les dijo desde lo alto: "He oído sus ruegos, y condolido de ellos y de la razón que tienen en las quejas que dan de Chibchacum, y aunque no les quitaré los dos ríos porque en tiempo de sequedad los necesitarán abriré una sierra por donde salgan las aguas, y queden libres sus tierras, y diciendo y haciendo arrojó la vara de oro hacia el Tequendama y abrió aquellas peñas por donde ahora pasa el río; pero como era la vara delgada no hizo tanta abertura como era menester para las muchas aguas que se juntan en los inviernos, y así todavía rebalsa, pero al fin quedó la tierra libre para sembrar y tener el sustento, la gente quedó obligada a adorar y hacer sacrificios cuando aparece el arco.

Cada vez que aparece el arco
la gente realiza sacrificios.

Y aquel pedacito de barro creció
tanto en manos de Caragabí
que bastó para formar un hombre
que veía, sonreía, andaba y
hablaba con perfección...

CARAGABÍ

Según los chamíes y catíos, sobre el mundo terrestre reinaba feliz
Caragabí, después de que se hizo independiente de Tatzitzetze, que lo
había creado. Muy ajeno estaba Caragabí de creer que existiera en uno
de los cuatro mundos inferiores al suyo otro dios, no inferior a él en
excelencia y poder. Tutruicá era el dios del mundo que hay, no dentro de
la tierra, sino debajo de ella. Tutruicá no recibió de nadie la existencia.
En eso es semejante a Tatzitzetze. Pero Caragabí no se considera inferior
a ninguna divinidad; pues recibió todo el poder y toda la sabiduría de
Tatzitzetze y hasta llegó a prevalecer sobre él. Caragabí y Tutruicá vivieron mucho tiempo sin conocerse el uno al otro. Cierto día, el dios de
arriba divisó desde la región del aire un globo envuelto en sombras, suspendido en otra región por debajo de la tierra, y descendió a ver qué era.
Entonces, Caragabí se encontró con un personaje yábea, es decir, con-

temporáneo, dueño de Armucurá, que era el mundo inferior y próximo a la tierra.

—¿Quién eres tú? —preguntó Caragabí.

—Soy Tutruicá —contestó el yábea— el dios de abajo.

—¿Eres nacido?

—No, resulté solo, nadie me hizo. Y tú, ¿cómo naciste?

—Yo nací de la saliva de Tatzitzetze. Por eso me honro de tener a tan soberano progenitor.

—Pues lo que es yo no tengo ningún antepasado, y en eso cifro mi honra y mi superioridad a ti.

Entonces Caragabí habló así al yábea:

—Vamos a probarnos mutuamente si somos dioses.

—Convenido. Yo trabajaré el barro —dijo Tutruicá.

—Pues yo labraré la piedra —repuso Caragabí.

Acabado este diálogo, cada cual se fue a su mundo, como dos artistas a su taller.

Pasado un año, Caragabí dio comienzo a su obra, esculpiendo en la piedra dos estatuas, con intención de darles vida y convertirlas en personas. Tan pronto las acabó, les sopló en los pies y las manos y en la frente, con lo que les entró la vida. Las efigies abrieron los ojos y sonrieron, pero no pudieron levantarse ni tampoco hablaban.

Mayor éxito tuvo Tutruicá, quien fabricó de barro dos grandes muñecos, les sopló en la frente e hizo de ellos al primer hombre y a la primera mujer que habitaron en el Armucurá, donde todos los moradores son inmortales.

Supo Caragabí que su contemporáneo había hecho de barro dos muñecos, que no sólo miraban y sonreían, sino que se movían, andaban y hablaban. Con gran avidez mandó Caragabí un mensajero a Tutruicá, le preguntó cómo se la había arreglado para hacer una creación tan perfecta. Tutruicá dio respuesta desdeñosa e insultante a Caragabí. Lo motejó de dios creado. Caragabí, vencido por Tutruicá en la obra de sus manos, se encolerizó en extremo, cuando oyó los insultos del yábea y corrió contra él, provisto de un largo lazo, con ánimo de ahorcarlo. Desde lejos lo enlazó con arte magistral, pero Tutruicá sujetó con tal fuerza el lazo escurridizo que el enojado Caragabí hubo de reconocer, mal de su grado, que tampoco por la fuerza podría vencer a su contrincante. Con esta prueba quedaron ambos convencidos de su igualdad de fuerza.

Aseguran los catíos que si en esta ocasión hubiera vencido Tutruicá, éste habría quedado dueño de ambos mundos, y todos los moradores de la tierra hubieran gozado de inmortalidad como los habitantes de Armucurá.

Otro día, Caragabí, calmado de su enojo, consideró que debía mandar otro mensaje a Tutruicá, pero éste se negó por segunda vez.

Pasados varios días, Tutruicá se compadeció de Caragabí porque no podía crear al hombre con la debida perfección y le mandó decir que no hiciese al hombre de piedra, sino de barro. Caragabí se sintió humillado al obedecer esa insinuación de Tutruicá, y mandó un tercer mensajero a pedir al yábea un pedacito de su barro, siquiera como la lengua de una paloma. El dios de abajo complació esta vez al dios de arriba, enviándole lo que pedía. Y aquel minúsculo pedacito de barro creció tanto en manos de Caragabí, que bastó para formar la efigie de un hombre. Se sacó Caragabí un pedacito de costilla y con ella sopló al gran muñeco en las extremidades y en la frente y en seguida la introdujo dentro de la efigie, la cual, al punto se transformó en un hombre, que se puso de pie y veía, sonreía, andaba y hablaba con perfección. Caragabí se alegró mucho de su obra y le mandó que se le arrodillara para darle la bendición.

Hecho esto, Caragabí se fue a recorrer el mundo. Pasados diez años, pensó en darle compañera al hombre que había formado. Para ello envió nuevo mensajero a Tutruicá pidiéndole otro poco de barro. Tutruicá le mandó una cantidad semejante a la primera. Con este barro hizo Caragabí una figura de mujer, utilizando el mismo procedimiento que siguió al formar al hombre. Para darle vida, quitó al hombre la primera costilla del lado derecho y con ella sopló a la efigie, introduciéndosela luego cuidadosamente. Y he aquí que la efigie se animó, el barro cobró aspecto humano y resultó una encantadora mujer. Al verla con vida e inteligencia perfectas, se alegró de sobremanera el corazón de Caragabí.

Por virtud de las sendas costillas introducidas en ambas efigies, se les quitó la pesantez propia del barro. Tutruicá que no perdía oportunidad para buscar reparos en todas las obras de Caragabí, viéndole tan alegre y satisfecho por la creación del primer hombre y la primera mujer, quiso ofenderlo diciéndole que, al fin y al cabo, las criaturas que había hecho eran mortales. A lo cual repuso Caragabí:

—No importa. Después de la muerte, yo recogeré sus almas y las llevaré al cielo, donde serán inmortales.

... el barro cobró aspecto humano y resultó una encantadora mujer. Al verla con vida e inteligencia, se alegró el corazón de Caragabí.

Ustedes se harán llamar Incas, hijos del Sol. Enseñarán a los hombres el arte de la guerra y de la conquista...

ORIGEN DEL TAHUANTISUYO

Hace muchísimas lunas, la tierra estaba poblada de tribus belicosas. Eran los hombres fieros como el puma, rapaces como el cóndor, traicioneros y crueles como la serpiente. El padre Sol, rey del firmamento y señor de todo lo creado, comenzó a mirar con tristeza la miseria en que habían caído los hombres. Vacilaba entre la cólera y el llanto. Durante largas épocas, venía entonces el terrible flujo y reflujo de los veranos asoladores y los inviernos que convierten en un pantano toda la extensión de la tierra. Pero pasados estos castigos y estas calamidades, los hombres volvían a su vida de siempre.

–Lo que estos desgraciados padecen –dijo el Sol a la Luna– es un mal gobierno. Están desgobernados. No tienen quien los mande ni quien los enseñe. No hilan la lana, aunque poblé de rebaños de llamas y vicuñas, alpacas y huanacos las laderas de las montañas y las sabanas de la puna. No trabajan la tierra, aunque sembré de islotes abonados por el guano de los patos, las gaviotas y los alcatraces toda la costa. Hice brotar papa en los páramos, yuca en las vegas de los ríos y colgué frutas de las ramas de los árboles. Y, sin embargo, sólo comen animales. No trabajan los metales, aunque llené de oro y de plata los cerros de Potosí y de Pasco. No edifican palacios ni tallan piedras, aunque salpiqué el suelo de rocas y peñas de labor. Hablan lenguas distintas y sus costumbres son bárbaras, aunque di luz a sus inteligencias y ancha tierra les di para sustentar sus rebaños.

Las tribus habían olvidado el culto al padre Sol, fuente de luz y de energía, espejo de belleza, de donde la Luna y las estrellas toman la suya. Se habían entregado a los cultos más repugnantes. Adoraban la viscosa serpiente, bebían sangre en el cráneo de sus enemigos y la tierra temblaba y se sacudía, harta de aguantarlos.

Pero un día, cansado de tanta infamia, se olvido de iluminar la tierra y se envolvió en espesas nubes. Y he aquí que una mañana amaneció más hermoso y refulgente que nunca. Se levantó en toda su gloria sobre el cielo de la puna y bañó su rostro en las aguas del lago Titicaca. Ni los lagos de Chiloé, rodeados de pinos y araucarias, en el sur, ni en el norte las lagunas de Fúquene, Tota y Guatavita, tienen la majestad de nuestro lago.

Después traspasó con un rayo de fuego las aguas frías y temblorosas del lago. Los volcanes de las orillas se coronaron de llamas. La tierra se agrietó, sacudida por una marea que destruyó los pueblos. Los pájaros que volaban sobre el lago cayeron fulminados. Las aguas se abrieron y se levantaron con pavoroso estruendo, formando un surtidor de espumas. En medio de ellas, sobre una isla flotante de totora, aparecieron los tres hijos del Sol en compañía de sus regias mujeres. Eran fuertes, amarillos y bellos. Calzaban sandalias. Vestían ruanas de colores. Tenían monteras tejidas en lana de vicuña, que les protegían las orejas y se cubrían la cabeza con un sombrero redondo de anchas alas, rojo por debajo y por encima bordado de oro y plata. En el pecho de cada uno refulgía un pectoral de oro batido, y entre sus cejas se bamboleaba un borla de lana roja, insignias éstas que indicaban su divino origen solar y su innata realeza.

Las princesas tenían los ojos negros, encapotados y tirados hacia atrás de la frente, como los tienen las llamas de la puna. Sus pómulos eran altos como el Illimani y el Misti. Sus labios eran finos como el Vilcanota cuando nace, y sus dientes blancos como el Salcantay en la mañana. Su cabello, anudado en muchas y delgadas trenzas, les caía por la espalda indicando su condición de vírgenes. El padre Sol les dijo que quería que de estas tribus dispersas, que andan como manadas de venados por montes y valles, formaran un gran imperio, que se llamaría Tahuantisuyo, que comprenderá las cuatro partes del mundo: Antisuyo, la que abraza los Andes de sur a norte; Collasuyo, la que abarca la región de las punas hacia el mar de levante, Chinchasuyo, la costa del mar del poniente y Contisuyo, la tierra umbrosa bañada por ríos gruesos como venas del mar. Luego, dándoles una vara de oro le dijo:

—Donde esta vara se hunda en la tierra fundarán la capital del Imperio. La llamarán Cuzco, que quiere decir ombligo, porque Cuzco será el ombligo del Tahuantisuyo. Ustedes se harán llamar Incas, hijos del Sol. Enseñarán a los hombres el arte de la guerra y de la conquista, edificarán con piedra, ararán con chuzos de madera y batirán los metales. Las princesas serán mujeres de los Incas e hilarán lana de vicuña y tejerán telas de colores. Cocerán los alimentos con fuego y adorarán al Sol, a cuyo culto se dedicarán las más bellas.

Así nació el gran Imperio Incaico.

Los colosos de Memnón.
construidos durante el reinado
de Amenofis III. Tebas, Egipto.

Mitos y leyendas de Asia, África, Oceanía y Europa

Li y el emperador

En un lugar de una región húmeda y verde nació Li. Su vida de niño había sido alegre entre prados y árboles floridos. ¡La aldea, su dulce aldea, sus viejos padres campesinos, el río transparente entre cañaverales! Aquello era todo su gozo y toda su vida. Hasta cuando dormía sonreía soñando la luz de cristal del campo.

El yeso y el carbón
eran lápices mágicos
en las manos de Li.

Desde muy pequeño dibujaba los peces y los pájaros en las piedras lavadas del río, y los rebaños y los pastores en las maderas de los establos. El yeso y el carbón eran lápices mágicos en sus manos.

Li creció. En las aldeas y en los pueblos próximos todos hablaban de él. Mucha gente los visitaba para ver las pinturas del joven artista. La fama fue creciendo y creciendo hasta llegar al palacio del emperador.

El emperador llamó a Li. Se arrodilló Li tres veces ante el Hijo del Cielo, y tocó tres veces el suelo con su frente. El emperador le dijo:

—Te quedarás aquí y trabajarás para adornar los corredores y salones del palacio. Ya ordené prepararte en una de las salas tu taller bien provisto de colores y lacas y ricas maderas. Tu vida cambiará desde hoy.

Li entristeció. Ya no podría ver su casa rodeada de árboles floridos a la orilla del río transparente y manso. Tendría que contentarse con soñar la alegría del campo en las cerradas salas del palacio guarnecido por dragones de piedra.

Trabajaba sin descanso para agradar al emperador. Sus pinturas llenaban los biombos lacados, las puertas de madera y de hierro y los muros de los templos y salones imperiales. Pero su pensamiento volaba a las bellas tierras húmedas donde había vivido feliz.

Un día Li pintó un cuadro maravilloso: el transparente cielo de su infancia, el campo de prados, el puentecito de estacas en el río bordeado de bambúes, la aldea a lo lejos entre vuelos de patos salvajes, un rojo sol de aurora y un verde limpio de yerba húmeda.

Príncipes y mandarines acudían a verlo. Colgado en un lujoso salón del palacio, parecía una ventana abierta en un muro frente al más delicioso y sereno paisaje campesino.

Li había hecho su mejor obra; la que llevaba siempre en su pensamiento y en sus sueños. A él no le parecía una pintura de su país, sino su país mismo recogido en el cuadro como un milagro. Por eso se habría pasado horas largas frente a él, aspirando su aire limpio y fragante; pero el pintor esclavo no podía entrar en las grandes salas destinadas a fiestas y recepciones de príncipes y nobles. Él tenía que vivir trabajando en su taller, olvidado de todos.

Li espiaba siempre para ver su cuadro a través de las puertas entreabiertas. Un día, ausentes un momento guardianes y criados, entró muy despacio, descolgó el campo verde y se lo llevó para esconderlo en su taller donde podría contemplarlo ilusionado.

La voz de alarma resonó imponente en el palacio y se extendió por toda la ciudad. La pintura había desaparecido. El emperador estaba furioso y amenazador. Mil soldados buscaron al ladrón. Llegaron a todas las casas y a todos los rincones. Por fin hallaron el cuadro en el taller de Li, escondido entre tablas y lienzos.

El emperador mandó encarcelar a Li y le ordenó que siguiera pintando cuadros en la prisión para adornar su palacio.

Pero Li no podía pintar. Le faltaba luz a sus ojos y alegría a su corazón. Entonces lo llamó el emperador y le dijo:

—Vendrás otra vez a vivir y a trabajar en palacio. Para tu felicidad te dejaré a solas con tu cuadro unos minutos cada día; pero si intentas algo que pueda enojarme serás castigado sin compasión.

Li continuó su trabajo. Cada día se le ensanchaba el corazón de esperanza frente al campo libre de su verde país. Después, seguía sufriendo la pesada tristeza del palacio imperial.

Un día ya no pudo resistir más. Se encontraba solo en la sala, ante el paisaje suyo, mirándolo con grandes ojos, muy abiertos. Su aldea, su aldea verde y luminosa; ancho el campo para correr sin llegar al fin, para tragar el aire filtrado por los sauces, para abrazarse a los árboles, para cantar con el viento y oír su murmullo en los cañaverales... para huir de este otro mundo negro y pesado como una cárcel. Sí, ancho el campo, allí cerca, verdes prados, para pisarlos, para correr allá con los brazos abiertos como alas... Y Li se acercó, se acercó, dio un pequeño salto, se metió en el cuadro, en el campo, en los prados, sin buscar los caminos, corriendo, corriendo, sin descanso, alejándose, haciéndose poco a poco pequeño, pequeño, pequeñito... hasta perderse en el horizonte azul.

Cuando los guardianes entraron para retirar a Li no lo encontraron. El emperador se enfureció. Era imposible que hubiera salido de allí sin ser visto. Un sabio mandarín encontró la explicación del misterio. Li había huido por el cuadro, metiéndose y corriendo por el paisaje que había pintado. Aún se veían las huellas de sus pisadas en la yerba húmeda de los prados.

EL TIGRE,
EL BRAHMÁN Y EL CHACAL

Una vez, al pasar un brahmán por un pueblo de la India, vio a la vera del camino una gran jaula de bambú donde se revolvía furioso un tigre que los campesinos habían cazado en una trampa.

Al ver al brahmán dijo el tigre con voz lastimera:

—¡Hermano brahmán, ábreme la puerta y déjame salir a beber agua! ¡Tengo sed y no me han puesto agua en la jaula!

—Si te abro la puerta, hermano tigre, temo que después quieras devorarme como a los carneros de los rebaños —dijo el brahmán.

—¿Cómo puedes haber pensado tal cosa? —añadió el tigre—. ¿Me crees capaz de una acción tan baja? Anda, déjame salir tan solo un momento para beber un sorbo de agua, hermano brahmán. Yo te mostraré mi agradecimiento.

Abrió el brahmán la puerta de la jaula y el tigre, al verse en libertad, saltó sobre él para comérselo.

¡Hermano brahmán, ábreme la puerta y déjame salir a beber agua!

—¡Hermano tigre!, ¡hermano tigre!, ¡espera! Me has prometido que no me harías daño alguno. Lo que quieres hacer ahora no es noble ni es justo.

—Eso no me importa —dijo el tigre—. Voy a devorarte, porque a mí me parece muy justo y puesto en razón.

Tanto suplicó el brahmán, que al fin convenció al tigre de que esperara a oír el parecer de los tres primeros caminantes con quienes toparan.

El primero que encontraron fue un búfalo que estaba tendido al borde del camino.

El brahmán se detuvo y le dijo:

—Hermano búfalo, ¿a ti te parece justo y noble que el tigre quiera devorarme, después de liberarlo de una jaula donde estaba encerrado?

El búfalo levantó la vista con tristeza y dijo lentamente:

—Cuando yo era joven y fuerte, mi amo me hacía trabajar sin descanso. Ahora que soy viejo y débil, me abandona para que me muera aquí mismo de hambre y de sed. Los hombres son muy ingratos. Si el tigre se comiera al brahmán haría una obra de justicia.

El tigre saltó furioso sobre el brahmán, pero este gritó:

—¡No!, ¡no!, ¡espera!, aún tenemos que consultar a otros dos. Me lo has prometido.

Poco después vieron un águila que planeaba a poca altura sobre sus cabezas, y el brahmán le gritó:

—¡Hermana águila!, ¡hermana águila!, dinos si te parece justo que este tigre quiera comerme, después de liberarlo de un terrible encierro.

El águila contuvo su vuelo sereno durante unos instantes. Después descendió y dijo:

—Yo paso mi vida entre las nubes y no hago daño a los hombres, pero los hombres me disparan flechas y matan a mis hijos cuando encuentran mi nido. Los hombres son una raza cruel. Yo creo que el tigre hará bien si se come al brahmán.

El tigre se abalanzó sobre el brahmán. El brahmán gritó:

—¡No!, ¡no!, espera, hermano tigre. Esta es la segunda vez que consultamos y hemos convenido en que pediríamos tres pareceres. Todavía falta uno.

El tigre, refunfuñando, continuó el camino con el brahmán. Al poco rato encontraron un chacal que caminaba alegremente.

Poco después vieron un águila que planeaba a poca altura...

El brahmán se acercó a él y le dijo:

—Hermano chacal, ¿encuentras justo que el tigre quiera devorarme, después que lo he liberado de una jaula?

—¿Cómo dices? —preguntó el chacal.

—Digo —repuso el brahmán en alta voz—. Si tú crees noble y justo que el señor tigre quiera devorarme, cuando yo mismo lo he ayudado a salir de una jaula donde estaba encerrado.

—¿De una jaula? —repitió el chacal como distraído:

—Sí, sí, de una jaula. Yo mismo le abrí la puerta. Ahora queremos saber tu opinión...

—¡Ah!, ya —dijo el chacal—; quieres saber mi opinión. En ese caso tienes que contármelo todo con claridad, pues yo soy un poco torpe y no entiendo bien las cosas. Vamos a ver, ¿de qué se trata?

—Mira —comenzó el brahmán—, iba yo por un camino, cuando vi al tigre que estaba encerrado en una jaula. Entonces me llamó...

—¡Huy!, ¡huy!, ¡huy! Si empiezas una historia tan larga —dijo el chacal—, no te entenderé una sola palabra. Tienes que explicármelo mejor. ¿A qué jaula te refieres?

—A una jaula ordinaria, una jaula de bambú —respondió el brahmán.

—Bueno pero eso no basta. Sería mejor que yo viera esa jaula, y así comprendería bien lo que ha pasado.

Desanduvieron el camino y llegaron los tres al sitio donde estaba la jaula.

—Ahora, vamos a ver —dijo el chacal—. ¿Dónde estabas tú, hermano brahmán?

—Aquí mismo, en el camino.

—¿Y tú hermano tigre?

—Yo, dentro de la jaula —respondió el tigre enfadado y dispuesto a comerse a los dos.

—¡Oh! Dispense señor tigre —dijo el chacal—. Soy torpe y no puedo darme exacta cuenta de todo eso. A ver, permítame, ¿cómo estaba usted en la jaula?, ¿en qué posición?

—Así, ¡torpe! —dijo el tigre saltando dentro de la jaula—. En este rincón y con la cabeza vuelta hacia allá.

—¡Ah, sí, sí!; ya empiezo a comprender. Pero ¿por qué no salía de ahí? —preguntó el chacal.

—¡No ves que la puerta estaba cerrada! —rugió el tigre.

—¡Ah!... la puerta estaba cerrada. Y ¿cómo estaba, cómo estaba cerrada? —siguió diciendo el chacal.

—Así —dijo el brahmán cerrando la puerta.

—Pero no veo la cerradura —añadió el chacal—. Bien se podía haber salido.

—Es que hay un cerrojo —dijo el brahmán corriendo el cerrojo.

—¡Ah!, vamos, hay un cerrojo. Ya veía yo que había un cerrojo —dijo burlón el chacal, viendo ya encerrado el tigre.

Y, dirigiéndose al brahmán, añadió:

—Ahora que la jaula está cerrada le aconsejo, amigo mío, que la deje como está. Y usted, señor tigre, ya puede estar tranquilo, que pasará algún tiempo sin que haya quien se atreva a devolverle la libertad.

Luego, volviéndose al brahmán, le hizo un gracioso saludo y se marchó.

Y, en poco tiempo, se formó un árbol
hermoso, entre cuyas ramas nacieron
cuatro grandes y preciosos panes...

CÓMO NACIÓ EN LA INDIA
EL ÁRBOL DEL PAN

En una ardiente región húmeda de la India vivía un hombre viejo y pobre, con su hijo, su antiguo criado y su perro. En años de desgracia perdió su pequeña fortuna. Ya sin ánimos y sin protección de nadie, se retiró
con los suyos a vivir en una casa abandonada del campo. En el arcón roto
sólo pudieron llevar cuatro grandes panes: una hogaza para cada uno. Y
este era el único alimento con que habían de contar durante todo un
mes, hasta que cesara la época de las lluvias.

Sentados alrededor de la mesa, en una noche rasgada de relámpagos, el padre, el criado y el hijo pensaban en su desamparo. El perro

dormitaba a los pies de su amo. Entre el ruido de la lluvia y el viento sonaron en la puerta recios golpes. Se apresuró a abrir el criado y apareció en la noche un mendigo que pidió de comer.

Nadie habría podido reconocer en aquel hombre encorvado y sucio al dios Brahma, que pasaba por allí cuando oyó que lo invocaban entre gracias y alabanzas. A la luz de los relámpagos el mendigo se iba transformando majestuoso y radiante como el Sol. El dios Brahma, mostrando entre sus dedos una semilla grande como una almendra, dijo:

—Toma, dale esto a tu señor. Que lo siembre, y nunca más tendrán hambre.

El criado llegó lleno de asombro a donde su señor estaba. Le dio el raro regalo del dios y le contó la maravillosa transformación del mendigo. El anciano cogió de la mano a su hijo y salió para ver con sus ojos la misteriosa aparición, pero nadie había ya en los alrededores.

Con su hijo, su criado y su perro subió el padre a un altozano próximo, y sembró allí la semilla. Al poco rato se vieron las entrañas del cielo por la rasgadura de un relámpago, y empezó a caer una lluvia pesada y tibia. Brotó con fuerza de la tierra un tallo fuerte y recto que crecía y crecía y se ensanchaba como un tronco prodigioso. Y, en poco tiempo, se formó un árbol hermoso, entre cuyas ramas nacieron cuatro grandes y preciosos frutos, como ovalados panes de pasta blanca y tierna. Cuatro panes para los cuatro humildes habitantes de la casa donde se invocaba el nombre de Brahma con fe y esperanza.

Y los hombres dieron gracias a Brahma, que había traído a la tierra de la India el generoso árbol del pan.

De la tierra brotó con
fuerza un tallo fuerte...

... cierto día tuvo la suerte de cazar un hermoso ganso y, aconsejado por su apetito, lo llevó al horno de su vecino, el panadero...

La justicia del cadí

Había una vez un cazador muy diestro en cobrar piezas que luego vendía en la ciudad.

Cierto día tuvo la suerte de cazar un hermoso ganso y, aconsejado por su apetito, lo llevó al horno de su vecino, el panadero, para que lo preparara y asara como él sabía hacerlo.

—Vete a tu casa –le dijo el panadero–, vuelve dentro de un rato y te llevarás el ganso ya asado y dispuesto para la mesa.

El cazador marchó a su casa confiado y contento.

Poco después acertó a pasar el cadí muy cerca del horno y detrás del rico olor de asado que de allí salía, entró en la casa del panadero y le preguntó:

—¿Qué exquisito manjar se prepara en esta santa casa?

—Un ganso, señor, que un hombre ha traído para que lo ase en mi horno.

—Como es un bocado que merece el honor de una noble mesa —dijo el cadí—, cuando esté asado llévalo a mi casa sin tardar.

—Y ¿cómo, señor, responderé de él ante su dueño?

—Cuando venga a llevárselo —contestó el cadí—, dile: "Ya estaba asado tu ganso cuando, al sacarlo del horno, me dio un terrible picotazo en un dedo y se escapó volando".

—Señor —dijo el panadero—, ¿cómo podré hacerle creer que un ganso muerto y asado pueda picar y volar?

—Si no quiere creerlo —contestó el cadí—, tráelo ante mí en el tribunal y no temas.

Siguiendo el mandato del cadí, el panadero llevó el ganso a su casa, y tanto comieron entre los dos y tan sabrosa encontraron aquella carne, que le dieron fin con gran satisfacción y hartura.

Volvió a su horno el panadero, y volvió también el cazador dispuesto a llevarse lo que le pertenecía y reclamaba su hambre.

No bien lo vio llegar el panadero, fingiendo gran disgusto, comenzó a lamentarse y a decir:

—¡Ay, hermano, qué cosa tan extraña me ha sucedido con el encargo que me encomendaste! Nunca vi cosa igual en el mundo, y no salgo de mi asombro ni saldré en todos los días de mi vida.

—¿Qué te ha pasado? —dijo el cazador.

—Mira, mira bien vacía la bandeja. Cuando tu ganso estaba asado y me disponía a sacarlo del horno, dio un brinco, me dio un picotazo en un dedo y salió volando.

A estas palabras el cazador empezó a gritar y a pedir justicia con tanta furia, que más parecía loco peligroso que hombre pacífico y cogiendo por el cuello al panadero lo sacó de su casa gritando:

—¡Vamos al tribunal! ¡Quiero que se haga justicia con este pícaro!

Así iban por la calle muy alborotados y reñidores, cuando pasó junto a ellos un copto que, compadecido del panadero, avanzó hacia el cazador y le dijo:

—¿Por qué lo traes así cogido del cuello con tanta rabia? ¿Qué te ha hecho?

El panadero, sin pensar en que aquel hombre hablaba en su defensa, le dio tal puñetazo en un ojo, que lo dejó tuerto.

El copto agarró también al panadero, y de esta manera iban los tres por la calle, cuando pasó un hombre montado en su asno.

El hombre, al verlos tan furiosos, les dijo:

—No está bien que lo traten así. Déjenlo en paz, que él les pagará.

El panadero, sin más miramientos, se agarró al rabo del asno y le dio tan tremendo tirón, que se lo arrancó de cuajo.

El buen hombre del asno se cogió también al panadero pidiendo justicia y, caminando así, al pasar por cerca de una mezquita, nuestro hombre se libró de las manos que lo sujetaban y se entró a todo correr en el templo, perseguido por sus enemigos.

Viéndose el panadero seguido tan de cerca y a punto de ser alcanzado, se subió a lo alto de la mezquita y se arrojó, desde el alminar, con tan mala fortuna, que vino a caer sobre uno de los fieles que se hallaban en oración, dejándolo muerto en el acto.

El hermano del muerto quiso tomar justicia allí mismo, y ya había cogido al panadero por las barbas con malas intenciones, pero llegaron a tiempo los tres hombres que venían en su persecución y ya fueron cuatro los que lo arrastraron hasta llegar a presencia del tribunal.

Una vez allí, avanzó el cazador y dijo:

—Señor cadí, yo soy un pobre cazador. Esta mañana llevé un ganso a este panadero para que lo asara en su horno, pero este mal hombre me lo ha robado diciéndome que, después de asado y al sacarlo del horno, el ganso se fue volando sin que lo haya visto más.

Hizo el cadí como si reflexionara un momento y dijo luego:

—En verdad, no es posible dudar que pueda volar un ganso.

—Pero ¡cómo! —exclamó el cazador—, ¿pretende hacerme creer, señor cadí, que un ganso muerto puede resucitar?

—¡Ah!, hombre de poca fe —añadió el cadí—. ¿Niegas que todo sea posible al poder de Alá? ¿Te resistes a creer lo que afirma el panadero, siendo así que el Profeta ha dicho en el santo libro: "Alá devuelve la vida a los muertos aunque estuviera en completa descomposición"? Pues ya que te niegas a creer lo que del poder de Alá está escrito, te condeno a que pagues una multa de diez guineas.

El cazador pagó lo que se le ordenaba y se fue maldiciendo el fallo de la justicia.

Después se adelantó el copto al tribunal y dijo:

—Señor cadí yo encontré por la calle a este hombre y a otro que lo llevaba fuertemente agarrado por el cuello. Me aproximé e intervine para que lo soltara y el desgraciado me dio tal golpe con el puño, que me sacó un ojo.

—Esta vez —dijo el cadí— debemos castigar a este cruel panadero, puesto que el Todopoderoso dice en su santo libro: "Ojo por ojo y diente por diente".

—Pero, señor —explicó el panadero—, tenga en cuenta que este hombre es un copto.

—Entonces —replicó el cadí— ya está la cuestión zanjada. Tú, panadero, sácale el otro ojo, y él que te arranque a ti uno, pues un ojo de un musulmán vale por dos de un cristiano.

—Así yo, señor cadí, ¿me quedaré ciego? —dijo el copto—. Pues no hablemos más; renuncio a la justicia que reclamaba.

—Bueno —añadió el cadí—, paga diez guineas por no aceptar mi sentencia.

El copto pagó las diez guineas y salió muy mohíno del tribunal.

El hermano del hombre que el panadero había matado en la mezquita se adelantó ante el cadí y dijo:

—Señor, este panadero subió a la torre de la mezquita perseguido por estos hombres y, al verse perdido, se arrojó desde allí y fue a caer sobre mi hermano que estaba orando. Este hombre mató a mi hermano, señor.

—¡Ah!, panadero desdichado —exclamó el cadí—. Tú no sabes la gravedad de tu culpa. Has matado a un musulmán en el momento en que rogaba a Alá. Tu crimen es tremendo. Tu pecado es horrible. Yo te condeno y te castigo como te mereces. A ver, tú, panadero, entra en la mezquita y siéntate debajo del alminar. El hermano del hombre que tú has matado subirá a la torre y se arrojará sobre ti. Así perecerás, si Alá quiere, y ya no tendremos que sufrir tus fechorías.

—No, no —dijo el hermano del muerto—. Yo no estoy dispuesto a tirarme desde lo alto de la torre. No se hable más de justicia ni de derecho, que yo renuncio a ellos de buena gana.

—Pues paga la multa como han hecho tus compañeros.

El hombre pagó la multa y se fue.

Mientras esto ocurría, el hombre del asno iba retirándose poco a poco hacia la puerta. Ya se disponía a salir del tribunal con mucha cautela y sin ser visto, cuando el cadí se levantó y dijo:

—A ver, que venga ese hombre para que sepamos lo que pide.

El pobre infeliz, que había visto suficientes muestras de la justicia del tribunal, se escapó corriendo y gritando:

—Señor cadí, yo no pido nada. Confieso que mi asno vino al mundo sin rabo.

OSIRIS

Cuando Ra todavía gobernaba el mundo, fue advertido que si su hija Nut, diosa de los espacios celestes, en algún momento diese a luz un niño, éste gobernaría la humanidad, por lo que Ra maldijo a Nut de manera que nunca podría tener un hijo. Pero Thot, dios de la sabiduría, encontró la forma de evitar la maldición: agregó cinco nuevos días al final del año de 360 días. Así Nut pudo tener a sus hijos: Osiris, dios protector de los muertos; Isis, hermana y esposa de Osiris; Seth, hermano y esposo de Neftis.

Seth, celoso del éxito y el poder de su hermano Osiris, buscó la ocasión para deshacerse de él: lo invitó a un banquete y con ardides lo encerró en un cofre y lo arrojó al Nilo. Avisada Isis, inició la búsqueda del cuerpo de su esposo. Después de un tiempo, lo halló en Biblos, Fenicia, dentro de un tronco de tamarisco que el rey de esa región había utilizado en la construcción de su palacio. Enterado Seth, de nuevo se apoderó del cuerpo de Osiris y esta vez lo dividió en catorce partes y las dispersó por todo el país. Isis logró reunir los miembros de su esposo y con ellos formó la primera momia. Horus, hijo de Osiris y de Isis, con los poderes heredados de su padre derrotó a Seth, quien en la lucha le sacó un ojo, pero recuperado el ojo se lo dio a su padre y lo remplazó por la serpiente divina, uno de los emblemas de la realeza.

Osiris. Dios de la naturaleza y de la fecundidad.

La fama de Merlín como profeta quedó establecida, antes de llegar a la corte, gracias a unas cuantas extraordinarias predicciones.

MERLÍN

Merlín era un niño mágico desde su nacimiento, y poseía poderes desde el principio. Ocurrió que el rey Constans, quien expulsó a Hengist de Inglaterra, tenía tres hijos: Constantino, Uther y Pendragon. Al morir dejó el trono a su hijo mayor, Constantino, que escogió a Vortigern como su primer ministro. Poco tiempo después de la coronación de Constantino, Hengist invadió Inglaterra de nuevo y el rey, abandonado por su ministro, fue cruelmente asesinado. A Vortigern, como recompensa a su deserción en un momento tan crítico, se le ofreció el trono, que él aceptó. A pesar de que los otros dos hijos de Constans seguían con vida, el usurpador Vortigern tenía esperanzas de mantener la corona.

Vortigern, para defenderse de cualquier ejército que intentase arrebatarle su soberanía, decidió construir una inmensa fortaleza sobre los llanos de Salisbury. Sin embargo, aunque los canteros trabajaban diligentemente día a día y aunque los muros de la fortaleza eran extensos y gruesos, los constructores los encontraban siempre derrumbados por la mañana. Los astrólogos, consultados acerca de esta extraña circunstancia, declararon que los muros no permanecerían en pie hasta que la tierra fuese regada con la sangre de un niño que no tuviese padre humano.

Mientras tanto Satán, enojado ante el número creciente de conversos cristianos, estaba pensando cómo idear un contraataque. Por tanto, con su malvado ingenio, determinó hacer que un niño demonio naciese de una mujer virgen. Así que se preparó a llevar a cabo su plan a costa de una dama bella y piadosa. Sin embargo, como la doncella iba a confesarse diariamente con un hombre santo, Blaise, éste pronto descubrió la intención de Satán, y decidió frustrarla.

Siguiendo los consejos del hombre santo, se encerró a la doncella en una torre, donde dio a luz a su hijo. Blaise, el sacerdote, estaba más en guardia que los demonios, y tan pronto como supo del nacimiento del niño se apresuró a bautizarle, dándole el nombre de Merlín. El rito sagrado anuló los propósitos diabólicos de Satán, pero, debido a su origen misterioso, el niño tenía el don de poseer poderes, mágicos y extraños, y fue marcado desde el principio como un niño mágico.

Los demonios, furiosos por la frustración de sus planes, volvieron al infierno, mientras que el bebé en la torre sonreía dulcemente a su madre. Al verle sonreír, ella le abrazó en su seno y le cubrió de besos mientras susurraba que pronto, muy pronto, ella debía dejar a su querido pequeño, ya que moriría. Entonces, mientras se encontraba angustiada, se sorprendió al oír hablar al bebé que le decía que no moriría, porque él declararía su inocencia. Asustada ante este discurso milagroso, la madre no dijo nada, aunque abrazó al niño aún más fuerte.

Sin embargo, cinco días más tarde, cuando el juicio tuvo lugar, otro milagro increíble sucedió, ya que Merlín, quien contaba sólo unos días de edad, se sentó en el regazo de su madre y habló a los jueces tan enérgicamente que pronto aseguró su absolución. En otra ocasión, cuando tenía cinco años y estaba jugando en la calle, vio a los mensajeros de Vortigern. Su instinto profético le previno de que le estaban buscando a él y corrió a su encuentro, ofreciéndose a acompañarles hasta el rey. Durante el camino Merlín vio a un joven comprando unos zapatos y se rió. Cuando le preguntaron la causa de su risa, predijo que el joven moriría a las pocas horas.

La reputación de Merlín como profeta quedó establecida mucho antes de que llegara a la corte gracias a unas cuantas extraordinarias predicciones. En la corte le dijo al rey sin rodeos que los astrólogos, queriendo destruir al niño del demonio porque era más sabio que ellos, habían exigido su sangre bajo el pretexto de que los muros de Salisbury sólo permanecerían en pie una vez la sangre fuera derramada. Cuando se le preguntó por qué los muros se derrumbaban sin cesar durante la noche, Merlín lo atribuyó al conflicto nocturno de dos dragones, uno blanco y otro rojo, que yacían escondidos bajo tierra. Se inició la búsqueda de estos monstruos siguiendo las indicaciones de Merlín. Pronto fueron descubiertos y la corte en pleno se reunió para ser testigo de la lucha terrible que siguió entre las dos horribles criaturas. Los dragones se movían arriba y abajo, arrastrando sus cuerpos espantosos por el suelo. Salía fuego de sus bocas mientras se lanzaban uno contra otro con venenosa furia, hasta que por fin el enorme dragón blanco mató al rojo.

De repente, el dragón victorioso, como si sintiese la presencia de enemigos, miró con furia a su alrededor y se perdió de vista con su enorme cuerpo, y así de este modo el rey se libró de las dos bestias. Los trabajos del castillo continuaron sin más dilaciones. Sin embargo, Vortigern estaba intranquilo, ya que Merlín no sólo había predicho que el combate entre los dragones rojo y blanco representaría un conflicto con los hijos de Constans, sino que también había añadido que el rey sería derrotado. Esta profecía pronto se cumplió. Uther y su hermano Pendragon desembarcaron en Gran Bretaña con un ejército que ambos habían reunido, y Vortigern fue quemado en el castillo que acababa de construir.

Poco tiempo después de esta victoria una guerra estalló entre los británicos, bajo el mando de Uther y Pendragon, y los sajones, bajo las órdenes de Hengist. Merlín, que por aquel tiempo se había convertido en el canciller y consejero principal de los reyes británicos, predijo que ellos alcanzarían la victoria, pero que uno de ellos sería asesinado. Esta predicción también se cumplió, y Uther, añadiendo el nombre de Pendragon al suyo, permaneció como único rey. Uther, deseoso de mostrar el máximo respeto por la memoria de su hermano, imploró a Merlín que erigiese un monumento apropiado a su memoria. Por tanto, Merlín el encantador trasladó unas piedras enormes desde Irlanda a Inglaterra en el transcurso de una sola noche y las depositó en Stonehenge, donde todavía permanecen.

Merlín predijo que ellos alcanzarían la victoria, pero que uno de ellos sería asesinado...

Carlomagno comenzó a hablar: "He recibido una embajada de paz del rey Marsilio, que me envía grandes regalos y ofertas...".

LA CANCIÓN DE ROLDÁN
(LA CHANSON DE ROLAND)

El emperador Carlomagno había estado en España durante siete años y la había conquistado de mar a mar, excepto Zaragoza, que entre sus poderosas montañas, y gobernada por su valiente rey moro Marsilio, había desafiado su poder. Marsilio todavía se mantenía fiel a Mahoma, temiendo de corazón el día que Carlomagno le forzara a convertirse en cristiano.

El rey sarraceno reunió a su consejo y pidió el consejo de sus sabios.

–Mis señores –dijo él– conocen nuestra grave situación. El poderoso Carlomagno, gran señor de Francia, ha extendido sus tropas sobre nuestras tierras. No tengo ejército para resistir contra él. No tengo gente para destruir sus huestes. Aconséjenme ahora, para salvar a mi raza y a mi reino, de la muerte y la vergüenza.

Un astuto emir, Blancandrin de Val-Fonde, fue el único hombre en responder:

—No temas mi señor —contestó al triste rey—. Vete hasta Carlomagno, el orgulloso, el arrogante, y ofrécele lealtad y verdadero servicio; junto con leones, osos y rápidos sabuesos, setecientos camellos, halcones, mulas y oro, tanto como puedan transportar cincuenta carros; oro suficiente para pagar a todos sus vasallos. Di que tú mismo tomarás la fe cristiana. Y síguele hasta Aix para ser bautizado. Si pides tus huestes, entonces estos muchachos y yo te daremos nuestros hijos para ir con Carlomagno a Francia, como símbolo de verdad. No le seguirás, no te rendirás a ser bautizado, y si nuestros hijos deben morir, mejor morir que vivir en horrible desgracia.

Marsilio, pensativo, lo aceptó todo. Disolvió el consejo con palabras de gratitud, manteniendo sólo junto a él a diez de sus más famosos paladines, cuyo jefe era Blancandrin y les dijo:

—Señores, vayan a Córdoba, donde está Carlomagno en este momento. Lleven ramas de olivo en la mano, en señal de paz, y reconcílienme con él. Grande será su recompensa si tienen éxito. Ruéguenle que se apiade de mí, y yo le seguiré a Aix en un mes, recibiré la fe cristiana y me convertiré en su vasallo en amor y lealtad.

Carlomagno estaba en un huerto con sus doce señores y quince mil veteranos guerreros de Francia cuando los mensajeros del rey pagano llegaron al huerto y preguntando por el emperador. Los embajadores saludaron a Carlomagno con todo el honor, y Blancandrin abrió la embajada así:

—¡La paz de Dios el Señor de la Gloria que adoras sea contigo! Así dice el valiente rey Marsilio: ha sido instruido en tu fe, el camino de la salvación, y está deseando ser bautizado. Pero tú has estado demasiado tiempo en nuestra brillante España y deberías volver a Aix. Hasta allí te seguirá y se convertirá en tu vasallo, entregando en tus manos el reino de España; hemos traído regalos suyos para colocar a tus pies, porque compartirá sus tesoros contigo.

Carlomagno levantó las manos dando gracias a Dios, pero luego bajó la cabeza y se quedó pensando profundamente. Al final dijo orgulloso:

—Has hablado con justicia, pero Marsilio es mi peor enemigo; ¿cómo puedo confiar en su palabra si numerosas veces ha roto sus promesas?

Blancandrin contestó:

—Te entregaré rehenes, veinte de nuestros jóvenes nobles, y mi propio hijo estará entre ellos. El rey Marsilio te seguirá a los maravillosos campos de Aix-la-Chapelle y en la festividad de San Miguel recibirá el bautismo en tu corte.

Así concluyó la audiencia.

A primera hora de la mañana Carlomagno reunió a sus doce caballeros, cuyo jefe era Roldán y su hermano de armas, Oliver; allí acudió el arzobispo Turpin, y entre mil leales francos, también llegó Ganelón, el traidor. Cuando todos se habían sentado en el orden adecuado Carlomagno comenzó a hablar:

—Mis señores y barones, he recibido una embajada de paz del rey Marsilio, que me envía grandes regalos y ofertas, pero bajo la condición de que deje España y vuelva a Aix. Hasta allí me seguirá, para recibir la fe y convertirse en cristiano y en mi vasallo. ¿Podemos creerle?

—Tengamos cuidado —dijeron los francos.

Roldán, siempre impetuoso, se levantó sin titubear y así habló:

—Buen tío y señor, sería una locura creer a Marsilio. Siete años hemos peleado en España y he ganado muchas ciudades para ti, pero Marsilio siempre ha sido un traidor.

Todos los francos permanecieron en silencio, excepto Ganelón, cuya hostilidad hacia Roldán se dejaba ver claramente en sus palabras:

—Señor, la credulidad ciega es perjudicial y tonta, pero aprovecha tu propia ventaja. Cuando Marsilio ofrece ser vasallo, entregarte España y convertirse a tu fe, a cualquier hombre que te recomienda que rechaces tales términos poco le importa nuestra muerte. No dejemos que el orgullo sea vuestro consejero, escucha la voz de la sabiduría.

El anciano duque Naimes, apoyando a Ganelón dijo:

—Señor, el consejo del conde Ganelón es sabio, si con sabiduría se sigue. Marsilio está a nuestra merced; lo ha perdido todo y sólo ruega piedad. Sería un pecado continuar esta cruel guerra, ya que ofrece completas garantías con sus huéspedes. Sólo necesitas enviar a uno de tus barones para acordar los términos de la paz.

Este consejo agradó a toda la asamblea y se oyeron murmullos de aprobación.

—Mis señores y caballeros, ¿a quién enviaré a Zaragoza a donde Marsilio? Recuerden la ferocidad con que trata a los embajadores.

—Señor, déjame ir a mí —contestó el duque Naimes—. Dame gente y armas.

—No —contestó el rey—. Consejero mío no me dejarás sin consejos. Siéntate de nuevo; te pido que te quedes.

—Señor, yo puedo ir —dijo Roldán con valentía.

—No puedes —dijo Oliver.

—Tu corazón es demasiado caliente. Temo por ti. Pero iré yo, si eso complace a mi señor el rey.

—¡No! —dijo el rey—. No irás. Juro por esta espesa barba blanca que ningún caballero realizará esta misión.

—Caballeros de Francia —dijo Carlomagno— elijan a uno para que realice esta misión y para que defienda mi honor con valentía, si es necesario.

—Ah —dijo Roldán—, entonces debe ser Ganelón, mi padrastro, porque, bien vaya o se quede, no tienes a otro mejor que a él.

Esta sugerencia satisfizo a toda la asamblea, y gritaron:

—Ganelón lo hará muy bien. Si esto le complace al rey, es el hombre adecuado para esta misión.

Carlomagno se quedó pensativo unos instantes y luego, levantando la cabeza, se dirigió a Ganelón:

—Ganelón, toma este guante real que la voluntad de todos los francos te entrega a ti.

—No —contestó Ganelón enfadado—. Este es un trabajo de Roldán y nunca les perdonaré ni a él, ni a Oliver, ni a los otros caballeros. ¡Aquí, en tu presencia, los desafío!

—Tu ira es demasiado grande —dijo Carlomagno—. Irás porque es mi deseo.

—Locura y orgullo —contestó Roldán— no me dan miedo; pero esta embajada requiere un hombre valiente no un tonto enfadado: si el rey lo permite, yo haré esta misión por ti.

—Buen señor Ganelón —dijo Carlomagno—, dale este mensaje a Marsilio. Debe convertirse en mi vasallo y recibir el santo bautismo. La mitad de España será su feudo, la otra mitad será de Roldán. Si Marsilio no acepta estos términos sitiaré Zaragoza, capturaré la ciudad y llevaré a Marsilio prisionero a Aix, donde morirá en vergüenza y tormento.

Ganelón se alejó cabalgando y en poco tiempo alcanzó a los embajadores del rey moro, porque Blancandrin había retrasado su viaje para acompañarlo, y los dos mensajeros comenzaron una ingeniosa conversación. El astuto sarraceno comenzó:

—¡Ah! ¡Qué maravilloso rey es Carlos! ¡Cómo se extienden sus conquistas a lo largo y ancho! ¿Pero por qué busca conquistar la brillante España?

—Ese es su deseo —dijo Ganelón—. Nadie puede resistirse a su poder y menos con la ayuda de su sobrino Roldán.

—¡Qué atrevido debe ser este Roldán, de buena gana conquistaría toda la Tierra. ¡Tal orgullo se merece un castigo apropiado! ¿Qué guerreros tiene él para la tarea?

—A los francos de Francia —dijo Ganelón—. ¡Los guerreros más valientes bajo el Sol! Sólo por amor le siguen hasta la muerte.

La amargura en el tono de Ganelón de inmediato sorprendió a Blancandrin, que le miró de reojo y vio al enviado franco temblar de rabia. De repente se dirigió a Ganelón susurrando:

—¿Tienes algo contra el sobrino de Carlos? ¿Te vengarías de él? Entréganoslo, y el rey Marsilio compartirá contigo la mitad de sus riquezas.

Ganelón al principio estaba horrorizado y no quiso seguir escuchando, pero Blancandrin habló tan bien y con tal destreza tejió su engaño que antes de alcanzar Zaragoza y llegar a presencia del rey Marsilio se acordó que Roldán sería destruido por sus medios.

Blancandrin condujo a Ganelón ante la presencia del rey sarraceno y contaron la pacífica acogida de Carlomagno, su mensaje y la llegada de su enviado.

—Déjale hablar; escuchamos —dijo Marsilio.

Ganelón entonces comenzó astutamente:

—¡Que la paz sea contigo en nombre del Señor de la Gloria a quien adoramos! Éste es el mensajero del rey Carlos: recibirás la santa fe cristiana y Carlos, gustoso, te concederá la mitad de España como feudo; la otra mitad se la dará a su sobrino Roldán. Si no aceptas, tomará Zaragoza, te conducirá cautivo a Aix y allí te dará una vergonzosa muerte.

—Antes de que yo caiga, noble sangre española será derramada para pagar mi muerte —exclamó Marsilio y llamando a sus dirigentes de más confianza, se retiró a un consejo secreto adonde, pronto, Blancandrin condujo a Ganelón y, en compensación, ofreció a Ganelón un excelente manto de piel de marta, que fue aceptada, y luego comenzó la tentación del traidor. Primero, pidiendo que jurara mantenerlo en secreto, Marsilio se apenó por Carlomagno, tan anciano y tan cansado por el gobierno. Ganelón alabó las proezas y vasto poder de su emperador. Marsilio repitió sus palabras de pena y Ganelón repitió que mientras Roldán y los doce caballeros vivieran, Carlomagno no necesitaba la compasión de ningún hombre, ni temía el poder de nadie; sus francos, también, eran los mejores guerreros que existían. Marsilio declaró orgulloso que podía traer cuatrocientos mil hombres contra los veinte mil franceses de Carlomagno; Ganelón le había persuadido para no hacer tal expedición.

—Así no le vencerás, deja estas tonterías, vuelve a la sabiduría: da al emperador tanta riqueza, que los francos se queden atónitos. Envíale también las prendas prometidas, los hijos de tus más nobles vasallos. Hacia la bella Francia marchará el rey, a casa dejando al orgulloso Roldán en la retaguardia. Oliver, el valiente y cortés, estará con él: mata a esos héroes y Carlomagno caerá para siempre.

—Buen señor Ganelón —dijo Marsilio— ¿cómo debo tender la trampa al conde Roldán?

—Cuando Carlomagno esté en las montañas dejará detrás a su retaguardia bajo el mando de Oliver y Roldán. Envía contra ellos a la mitad de tu ejército, Roldán y los pares serán conquistados, pero ten cuidado con la lucha. Luego trae a tus guerreros descansados. Francia perderá esta segunda batalla, y cuando Roldán muera, el emperador se quedará sin su mano derecha para sus conflictos. ¡Adiós a toda la grandeza franca!

Marsilio estaba muy contento por el traidor consejo y abrazó y recompensó muy bien al caballero. Juraron solemnemente la muerte de Roldán y de todos los caballeros.

Mientras tanto, Carlos se había retirado hasta Valtierra, de camino a Francia, y allí Ganelón le encontró y entregó el tributo, las llaves de Zaragoza y un falso mensaje excusando la ausencia del califa. Se había hecho a la mar, así dijo Marsilio, con trescientos mil guerreros que no renunciarían a su fe, y todos se habían ahogado en una tempestad, a unas cuatro leguas de tierra. Marsilio obedecería las órdenes del rey Carlos en todos los demás aspectos.

—¡Gracias a Dios! —gritó Carlomagno—. ¡Ganelón, lo has hecho bien y serás bien recompensado!

Ahora todo el ejército francés marchaba a través de los Pirineos y, al caer la tarde, se encontraron entre las montañas, donde Roldán plantó su estandarte en la colina más alta.

Cuando brillaba la luz de la mañana, Carlomagno reunió a sus barones y les dijo:

El papa León III corona a Carlomagno como primer emperador del Imperio Romano.

—Mis señores y caballeros, observen estos estrechos desfiladeros: elijan a quién se debe entregar la retaguardia.

—A mi hijastro Roldán —dijo Ganelón.

Carlos lo escuchó enfadado, y habló en tono agrio:

—¿Qué diabólica ira te ha sugerido esta idea? ¿Quién entonces irá ante mí en el carruaje?

El traidor no se retractó, sino que contestó rápido:

—Gogier el Danés hará esa labor mejor.

A Carlomagno no le agradaba tener que conceder su súplica, pero, siguiendo el consejo del duque Naimes, el más prudente de los consejeros, le dio a Roldán su arco y le ofreció dejar a su cargo a la mitad de la armada. El campeón no aceptaría esto, sólo llevaría veinte mil francos a la bella Francia. Roldán se vistió su resplandeciente armadura, se anudó su yelmo, se armó con su famosa espada Durendala y se colgó alrededor de su cuello su escudo decorado con flores; se montó en su corcel Veillantif. Acompañarían a Roldán, Oliver el valiente y cortés, el santo arzobispo Turpin y el conde Gautier, el vasallo leal de Roldán. Eligieron cuidadosamente los veinte mil franceses que irían a la retaguardia, y Roldán envió a Gautier con mil de ellos para rastrear las montañas. ¡Ay! nunca volvieron, porque el rey Almaris, un jefe sarraceno, los encontró y los mató a todos entre las colinas, y sólo Gautier malherido y sangrando de muerte, volvió a Roldán en su última hora.

Mientras tanto Marsilio, con sus miles de sarracenos, les había perseguido tan de prisa que el grueso del ejército de paganos pronto vio agitarse los estandartes de la retaguardia francesa.

Luego, cuando se detuvieron, la lucha comenzó; uno por uno los nobles de Zaragoza, los campeones de los moros, avanzaron y pidieron el derecho a enfrentarse ellos mismos contra los doce caballeros de Francia. El sobrino de Marsilio recibió el guante real como campeón principal, y once jefes sarracenos juraron matar a Roldán y extender la fe de Mahoma.

—Amigo mío —dijo Oliver a Roldán—, tendremos un gran combate con los paganos.

Oliver ascendió a una colina y miró hacia España, donde descubrió la gran armada pagana, como un brillante mar, con relucientes escudos y yelmos resplandeciendo bajo el Sol.

—¡Fuimos traicionados! Esta traición fue planeada por Ganelón que nos puso en la retaguardia —gritó—. Camarada Roldán, toca tu cuerno de guerra: Carlos lo oirá y volverá aquí.

—Que Dios no lo permita —gritó Roldán—. Eso no lo cantarán nunca los juglares que pedí ayuda en la batalla a mi rey contra los paganos.

Feroz fue la lucha aquel día, mortal fue el combate, cuando los moros y francos chocaron, gritando, invocando a sus dioses y santos, empuñando con máximo coraje espada, lanza, jabalina, cimitarra o daga. Cada uno de los doce caballeros hizo poderosas hazañas con las armas. Roldán mismo mató al sobrino del rey Marsilio, que había prometido traer la cabeza de Roldán a los pies de su tío. Oliver hizo otro tanto con el hermano del rey pagano, y uno por uno los doce señores probaron su valía frente a los doce campeones del rey Marsilio.

Así continuó la batalla, muy valientemente contestada por ambos lados, y los sarracenos murieron a cientos y a miles, hasta que toda la hueste había muerto a excepción de un hombre, que huyó herido, dejando a los señores franceses en el campo.

Mientras buscaban llorando los cuerpos de sus amigos, la principal armada de los sarracenos, bajo el rey Marsilio en persona, vino sobre ellos; porque el único fugitivo que había escapado había avisado a Marsilio para que atacara de nuevo, pues los francos estaban todavía cansados. El consejo le pareció bueno a Marsilio y marchó a la cabeza de cien mil hombres, que ahora envió sobre los franceses en columnas de cincuenta mil a un tiempo. Y venían muy valientes, tocando clarinetes y trompetas.

—Soldados del Señor —gritó Turpin—, sean valientes y rápidos, porque este día se les darán coronas de flores del Paraíso.

Y la batalla continuó, con el gran ejército contra el pequeño puñado de franceses, que sabían que estaban sentenciados y luchaban como si estuvieran excluidos de la muerte.

En esta segunda batalla los campeones franceses estaban cansados, y en poco tiempo comenzaron a caer ante los sarracenos recién llegados. Primero murió Engelier, el gascón, herido mortalmente por la lanza de aquel sarraceno que juró hermandad a Ganelón; luego Samson y el noble duque de Anseis. Estos tres fueron bien vengados por Roldán, Oliver y Turpin. Luego en rápida sucesión murieron Gerin y Gerier y otros valientes caballeros a manos de Grandoigne.

Finalmente, esta segunda armada de sarracenos se rindió, rogando a Marsilio que viniera a socorrerlos; pero ahora de francos victoriosos no quedaban más que sesenta valientes campeones, incluyendo a Roldán, Oliver y el fiero prelado Turpin.

La tercera armada pagana comenzó a desplegarse sobre la valiente banda, y antes de que los sarracenos les atacaran de nuevo Roldán gritó a Oliver:

—Buen rey camarada, mira estos héroes. Valientes guerreros, yaciendo sin vida. Me apeno por nuestro bello país, Francia, que se ha quedado viuda de sus paladines. Carlos, mi rey, ¿por qué estás ausente? Tocaré mi cuerno de guerra.

Oliver respondió:

—¡Oh, cobarde! Cuando te lo pedí, no lo quisiste hacer. En la bella Francia de nuevo nos encontraremos. Nunca te casarás con mi hermana.

El arzobispo Turpin oyó la disputa y trató de calmar a los enfadados héroes.

—El cuerno no salvará las vidas de los muertos, pero mejor será tocarlo, para que Carlos, nuestro señor y emperador; pueda volver, vengar nuestra muerte y llorar sobre nuestros cuerpos.

Roldán puso el cuerno de marfil, el mágico Olifant, en sus labios y sopló tan fuerte que el sonido se pudo escuchar a treinta millas de distancia.

—¡Nuestros hombres están peleando! —gritó Carlomagno; pero Ganelón respondió:

—De no haber sido porque lo ha dicho el rey, eso hubiera sido una mentira.

Una segunda vez Roldán tocó el cuerno, con tanta violencia y angustia que las venas de sus sienes explotaron y la sangre comenzó a salir por su frente y por su boca. Carlomagno, deteniéndose, escuchó de nuevo y dijo:

—Ese es el cuerno de Roldán; no lo tocaría si no hubiera batalla—. Pero Ganelón, en tono de burla, dijo:

—No hay batalla, porque Roldán es demasiado orgulloso como para tocar su cuerno cuando está en peligro. Además, ¿quién se atrevería a atacar a Roldán, el fuerte, el valiente, el gran y maravilloso Roldán? Nadie. Sin duda está cazando y riéndose con los otros caballeros. Tus palabras, mi señor, sólo muestran lo anciano, débil y tonto que eres.

Cuando Roldán tocó el cuerno por tercera vez apenas podía respirar para despertar los ecos; pero aún Carlomagno lo pudo oír.

—¡Qué débil llega el sonido! ¡Hay muerte en ese soplido desmayado! —dijo el emperador, y el duque Naimes interrumpió ávidamente:

—Señor, Roldán está en peligro; alguien le ha traicionado sin duda aquel que ahora intenta engañarte a ti. Señor, levanta tu ejército, ármate para la batalla y cabalga para salvar a tu sobrino.

Carlomagno dijo en voz alta:

—Por aquí, hombres míos. Apresen a este traidor Ganelón y manténganlo a salvo hasta que yo vuelva.

A toda velocidad, el ejército completo volvió sobre sus pasos, de cara a España.

Mientras tanto, Roldán echó una mirada a su alrededor por valles y colinas y vio cómo sus nobles camaradas yacían muertos. Como un noble caballero, lloró por ellos, diciendo:

—¡Buenos caballeros, que Dios se apiade de sus almas! ¡Que los reciba en el Paraíso!

Diciendo esto, se apresuró hacia la batalla, mató al único hijo del rey Marsilio y persiguió a los paganos ante él como los perros persiguen al ciervo. Turpin lo vio y aplaudió.

Marsilio, enojado, atacó al asesino de su hijo, pero en vano; Roldán le cortó su mano derecha y Marsilio huyó herido de muerte a Zaragoza, mientras su principal hueste, dominada por el pánico, dejó el campo para Roldán. Sin embargo, el califa, el tío de Marsilio, reunió las filas y, con cincuenta mil sarracenos, una vez más vino sobre la pequeña tropa de Campeones de la Cruz, los tres pobres supervivientes de la retaguardia.

Los paganos se envalentonaron al contemplar a los tres solos; el califa, acercándose hasta Oliver, le atravesó por la espalda con su lanza. Pero, aunque mortalmente herido, Oliver reunió la suficiente fuerza como para matar al califa, y gritar en voz alta:

—¡Roldán, Roldán, ayúdame! Luego se lanzó contra la armada pagana, realizando heroicas hazañas.

Oliver sintió cómo los dolores de la muerte se apoderaban de él. Roldán se lamentó y lloró por él.

La muerte estaba muy cerca de Roldán y él la sintió llegar, mientras oraba y se encomendaba a su ángel guardián Gabriel. Cogiendo con una mano a su Olifant, y con la otra su espada Durendala, Roldán escaló una pequeña colina dentro del reino de España. Allí bajo dos pinos encontró cuatro escalones de mármol, cuando estaba a punto de escalarlos, cayó desmayado al suelo, y un sarraceno que había fingido estar muerto, salió de su escondite gritando:

—¡El sobrino de Carlos está vencido! Llevaré su espada de vuelta a Arabia.

Cogió a Durendala de la mano moribunda de Roldán. El intento despertó a Roldán, al que se le oyó decir:

—Tú no eres de los nuestros.

Entonces con Olifant asestó un golpe en el yelmo del ladrón pagano que cayó muerto ante su supuesta víctima.

Pálido, sangrando, muriendo, Roldán luchó por levantarse, dispuesto a salvar su espada de la deshonra de manos paganas. Intentó tres veces romperla contra el mármol pero la espada permaneció intacta, el acero se rayó pero no se rompió.

De nuevo levantó su guante al cielo y san Gabriel lo recibió.

Poco después de que el heroico espíritu de Roldán lo abandonara, el emperador llegó hasta el valle de Roncesvalles.

El ejército francés enterró a los muertos con todos los honores donde habían caído, excepto los cuerpos de Roldán, Oliver y Turpin, que fueron llevados hasta Blaye y enterrados en la catedral del lugar.

Demasiado largo sería contar el juicio de Ganelón, el traidor. Será suficiente decir que su nombre permanece en Francia como un símbolo de la deslealtad y la traición.

LOHENGRIN

Al fallecer el duque de Brabante, dejó a sus dos hijos, Elsa, de dieciocho años, y Godofredo, de catorce, bajo la tutela de Federico de Telramundo, noble arruinado, quien casi inmediatamente pidió a Elsa en matrimonio. Como ella se negó de una manera rotunda, el conde juró vengarse de ella. Poco tiempo después, Federico contrajo matrimonio con Ortruda, princesa de un reino vecino.

Una tarde, Elsa y su hermano se fueron a dar un paseo por el bosque. Al atardecer, volvió ella sola, con la noticia de que su hermano había desaparecido. Los nobles del país salieron en busca del heredero del duque; pero todo fue inútil.

Al dolor que por la pérdida de Godofredo sentía Elsa, tuvo que añadir el de verse acusada por Ortruda y Federico de ser ella la causante de la desaparición de su propio hermano, por ambición.

... y de pronto se vio aparecer al otro lado del río un cisne blanco que conducía una frágil barquilla, sobre la que venía un caballero...

Por aquellos tiempos, y a causa de la discordia entre Germania y Hungría, el rey Enrique I visitó el país de Brabante. Enterado de la desaparición del duque heredero, se dirigió al palacio para cerciorarse de la verdad de este hecho.

Reunidos los nobles y damas del país frente al palacio, a la orilla del río, el rey quiso saber qué pasaba exactamente. Entonces Federico, conde de Telramundo, y su esposa Ortruda formularon la acusación contra Elsa de haber asesinado a su propio hermano. El rey, horrorizado ante semejante crimen, mandó llamar a la joven. Al preguntarle el monarca si se reconocía culpable del asesinato de su hermano, Elsa estalló en sollozos lamentándose por la pérdida de Godofredo. El rey le preguntó entonces qué podía decir en su defensa. La joven se encogió de hombros y dijo que nada. El rey, sin embargo, no podía creer en la culpabilidad de aquella joven de aspecto tan candoroso y modesto, y le preguntó si se creía capaz de encontrar un campeón que defendiera su causa en lo que entonces se llamaba un juicio de Dios. Elsa recordó que en un sueño que había tenido hacía unos días, se le apareció un caballero y le dijo que estaba dispuesto a ser su campeón y a librarla de sus enemigos. Para presentarse, bastaría que, llegado el momento, los heraldos lo llamaran.

Dio orden el rey de que se hiciera la llamada para el juicio de Dios, anunciando en su pregón que el caballero que quisiera salir a la liza como campeón de Elsa se presentase inmediatamente. Nadie aparecía.

Ortruda y Federico empezaban a mofarse de la joven y de su sueño. Ésta suplicó al rey que nuevamente los heraldos lanzaran el pregón. Sabía que su caballero no dejaría de presentarse. Llamaron de nuevo los heraldos, y de pronto se vio aparecer al otro lado del río un cisne blanco que conducía una frágil barquilla, sobre la que venía un caballero vestido con una brillante cota de malla. Elsa reconoció en él al que le había prometido en sueños ser su campeón.

Al llegar frente al lugar donde estaba el rey y los nobles, el cisne se acercó a la orilla, y el caballero desembarcó, despidiéndose del ave, que se alejó de nuevo majestuosamente. El joven saludó respetuosamente al rey y se dirigió luego a Elsa, ante quien se inclinó cortésmente, diciéndole si le permitiría ser su campeón, tal como le había prometido. Ella le confió por completo su vida y el destino de su país, diciéndole que le tomaba como su héroe y protector. El caballero, seducido por la dulzura y belleza de Elsa, la pidió por esposa si salía vencedor en la lucha, cosa que ni siquiera dudaba. Elsa aceptó. Pero el caballero le impuso entonces una extraña condición: él sería su protector y el de su país, y permanecería fielmente a su lado; pero ella no debía preguntarle nunca quién era, cómo se llamaba, ni de dónde había venido. Elsa aceptó esta condición, y él retó entonces a Federico de Telramundo, quien, de momento, se negaba a luchar con un desconocido. Al declarar el rey que si no peleaba con el campeón de Elsa ésta sería considerada inocente del crimen que se le imputaba, salió al campo, donde el caballero le venció fácilmente, respetando su vida para que tuviera tiempo de enmendar sus errores y corregir sus muchas faltas.

Federico de Telramundo y su mujer Ortruda quedaron deshonrados ante toda la corte. La ambiciosa princesa no podía resignarse al alejamiento de la corte, y aprovechando la piedad de Elsa, se acercó a ella de nuevo. Empezó a sembrar la duda en su corazón inocente y sencillo, hablando de lo misterioso de la llegada del caballero, de lo raro que parecía que no quisiera decir quién era, cómo se llamaba ni de dónde venía, y de la posibilidad de que fuera un brujo o simplemente un aventurero. La joven protestó, pero Ortruda conocía el corazón humano y sabía que Elsa no dejaría de hacer las tres preguntas prohibidas. Así, en la noche de bodas, el conde de Telramundo y uno de sus amigos, traidores y enemigos de Elsa, se escondieron tras las cortinas de la cámara nupcial, dispuestos a escuchar la conversación de los jóvenes esposos, no dudando de que la joven no podría resistir la tentación de querer saber con quién se había casado. Efectivamente. En medio de las declaraciones de amor del caballero, Elsa, cuyo espíritu atormentado por la duda no podía ya soportarlo por más tiempo, hizo a su esposo las tres preguntas que, de una manera precisa, éste le había prohibido hacer.

El caballero comprendió que había sido víctima de un engaño. Perdonó a su joven esposa la curiosidad; pero no pudo romper su promesa de alejarse de ella en el mismo momento en que perdiera la fe en él. Además, se dio cuenta de que alguien estaba escondido detrás de las cortinas y, tomando su espada, atravesó con ella a Telramundo, que se desplomó a sus pies.

Al día siguiente, de nuevo los nobles y damas fueron convocados para reunirse a la orilla del río, presididos por el rey de Germania, Enrique I. El caballero quiso declarar quién era y de dónde había venido, y despedirse al mismo tiempo de todos. No pudo permanecer ni un solo día en un lugar donde ya conocían su procedencia.

Cuando estaban todos reunidos junto al rey, a cuyo lado se sentó Elsa, el caballero declaró que venía de Montsalvat, la montaña santa donde se conserva y guarda el Santo Grial, el divino cáliz donde Jesucristo consagró su propia sangre para ofrecerla a los pecadores. Su padre, Parsifal, era quien conservaba el divino tesoro. Él era su ayudante. Se llamaba Lohengrin.

Dicho esto, el caballero se despidió de Elsa, la cual en vano le pidió que se quedase junto a ella y le perdonase su curiosidad. Lentamente, como se fue, apareció de nuevo el cisne que lo condujo hasta ella. Cuando llegó junto a la orilla, Lohengrin soltó las cadenas que lo sujetaban a la barquilla. El cisne se sumergió en el agua y apareció en su lugar Godofredo, el hermano de Elsa y heredero del ducado de Brabante.

El muchacho, entre las aclamaciones de todos, se precipitó en brazos de su hermana, que lloró de alegría por el retorno del hermano, y de dolor por la pérdida de su héroe, quien se alejó triste en su barquilla, mirando a Elsa, a quien tanto amaba y tenía que abandonar por no haber tenido confianza en él.

BIBLIOGRAFÍA

Mackenzie, Donald. *Creta y el Prehelénico Europeo.* M.E. Editores. 1996.

Guerber, H. A. *Edad Media.* M.E. Editores. 1994.

El cahamanismo y las técnicas arcaicas del éxtasis. Mircea Eliade. Fondo de Cultura Económica. 1986.

Campbell, Joseph. *El héroe de las mil caras.* Fondo de Cultura Económica. 1994.

Rappoport, Angelo S. *El Mar.* Studio Editores. 1995.

Wendt, Herbert. *Empezó en Babel.* Ed. Noguer. México. 1960.

Leyendas de Europa. Editorial Labor. 1988.

Ebutt, M. I. *Los británicos.* Ed. Studio Edition. 1995.

Sainero, Ramón. *Los grandes mitos Celtas.* Edicomunicación. 1998.

Dumezil, Georges. *Mito y epopeya.* Ed. Seix Barral. 1977.

Muller, Max. *Mitología comparada.* Edicomunicación. 1988.

Saintine, X. B. *Mitología del Rin.* Ed. Olimpo. 1998.

Niedner, Heinrich. *Mitología nórdica.* Edicomunicación. 1998.

Gould, Charles. *Monstruos mitológicos.* M.E. Editores. 1997.

Murdock, George Peter. *Nuestros contemporáneos primitivos.* Fondo de Cultura Económica. 1975.

Almendros, Herminio. *Otros viejos.* Editorial Pueblo y Educación. Cuba. 1990.

Morales de Castro, Jorge. *Religiones del mundo.* Ed. Libsa. 2003.

Mackenzie, Donald. *Teutones.* M.E. Editores. 1996.

Las sirenas y la nave de Ulises.
Cuadro de Dionisio Baxeras.